Monika Schunk

Komm, wir ziehen mit den Hirten

Monika Schunk

Komm, wir ziehen mit den Hirten

Neue Krippenspiele

Claudius

Dieses Buch widme ich meinem Mann, der mit mir seit vielen Jahren durch die spielende Verkündigungsarbeit des biblischen Kinder- und Jugendtheater unserer Überzeugung Ausdruck verleiht, dass Kinder und Jugendliche nicht die Zukunft unserer Gemeinden sein werden, sondern ihre Gegenwart sind.

Bibliografische Information Der Deutschen Bibliothek

Die Deutsche Bibliothek verzeichnet diese Publikation
in der Deutschen Nationalbibliografie;
detaillierte bibliografische Daten sind im Internet
über http://dnb.ddb.de abrufbar.

© Claudius Verlag 2005
Birkerstr. 22, 80636 München
www.claudius.de
Das Werk einschließlich aller seiner Teile ist urheberrechtlich geschützt.
Jede Verwertung außerhalb der engen Grenzen des Urheberrechtsgesetzes
ist ohne Zustimmung des Verlags unzulässig und strafbar.
Das gilt insbesondere für Vervielfältigungen, Übersetzungen, Mikroverfilmungen
und die Einspeicherung und Verarbeitung in elektronischen Systemen.
Umschlaggestaltung: Anne Halke, München
Satz: Stahringer Satz GmbH, Grünberg
Druck: Freimund-Druckerei, Neuendettelsau

ISBN 3-532-62331-5

Inhalt

Vorwort 9

1. Spielend verkündigen – biblisches Kinder- und Jugendtheater 11

2. Grundbausteine des biblischen Kinder- und Jugendtheaters 14
   Die Weihnachtsbotschaft 14
   Getrennte Handlungsebenen 14
   Für jeden die entsprechende Form der Mitwirkung 15
   Die Mitwirkenden 15
   Rollenverteilung 16
   Erwachsene beim biblischen Kinder- und Jugendtheater 16

3. Formen von Mitwirkung und Gestaltung. 17
   Darstellendes Spiel 17
   Gespräche und reflektierende Sprechrollen 17
   Musik und Tanz 18
   Pantomime 19
   Symbolhandlungen 19
   Rede, Moderation, Auslegung 19
   Lyrische Texte 19

4. Spielorte und Ausstattung 21
   Spielorte 21
   Technische Ausrüstung 22
   Kostüme und Requisiten 23

5. Probenarbeit 24
   Überblick für die Spielleiterin 24
   Texte 24
   Einzelproben 25
   Gesamtprobe 25

6. Anpassung an örtliche Gegebenheiten 27

... denn meine Augen haben das Heil gesehen 29

(Simeon, der alte Mann aus dem Tempel, erzählt den Menschen, die damals in Bethlehem dabei waren, wie er die Begegnung mit Jesus erlebt hat. Altes und Vergangenes wurde unwichtig für ihn. Weihnachten bedeutet, dass der Mensch den Blick von der Vergangenheit in die Zukunft lenken darf.)

Der Stern hat seinen Glanz verloren 43

(Nachdem die Hirten von den Engeln die frohe Botschaft erfahren haben, dass Jesus geboren wurde, machen sie sich auf den Weg zum Stall. Sie sind sich uneinig, wer nun wirklich erwünscht ist: die ganz Reichen oder die ganz Armen. Sie trennen sich und treffen jeweils auf andere Menschen, die sie begleiten wollen. Doch der Stern hat seinen Glanz verloren ...)

Ist das nicht vielleicht doch etwas übertrieben? 55

(Ist es nicht etwas übertrieben, sich jedes Jahr an Weihnachten wieder im Stall von Bethlehem zu treffen? Manche Dinge sind trotz Jesus unverändert und jeder hat seine Aufgaben von Jesus übernommen. Muss man da wirklich jedes Jahr Weihnachten feiern – wie ist das bei uns?)

„... und die Klarheit des Herrn umstrahlte sie." 67

(In den Weihnachtsgottesdiensten treffen sich Christen, die sich gemeinsam um ein gerechtes und geschütztes Leben für möglichst viele Menschen bemühen. Oft gelingt dies nicht. Warum wählte Gott dann den komplizierten Weg über ein kleines Kind zu uns und hat nicht direkt in das Weltgeschehen eingegriffen?)

Oh Freude über Freude?! 83

(Im Zusammenhang mit Weihnachten ist so viel von Freude die Rede. Aber wie sieht es heute aus mit unserer Freude? Können wir uns heute richtig freuen oder überwiegen Arbeit und Sorgen für andere? Wie verhielt es sich damals in Bethlehem mit der Freude?)

Sei gegrüßt, Gott ist mit dir **97**

(Die Verkündigung des Engels, dass in ihrem Leben etwas Außergewöhnliches passieren wird, versetzt Maria zunächst in Schrecken und Unsicherheit. Ist wirklich sie gemeint? Gott in unserem Leben? Sind wirklich wir gemeint? Sind wir nicht viel zu gering und unscheinbar?)

Und plötzlich waren alle wieder fort **109**

(Eigentlich wissen wir alle, wie unsere Welt sein sollte. Aber andere behindern uns, teilen unsere Vorstellungen nicht oder nehmen uns nicht ernst. Sollte man da nicht besser unter sich bleiben?)

Zu Hause würde ich das nie tun! **121**

(Die Weihnachtsgeschichte ist uns vertraut. Für die Beteiligten war allerdings einiges äußerst ungewöhnlich. Sind ungewöhnliche Umstände und fremde Umgebungen eine Chance, Gott dort wahrzunehmen, wo wir ihn sonst übersehen würden?)

Anhang **132**
    Lieder und Musik 132
    Choreographie 134
    Kostüme 142

„… und die Klarheit des Herrn umstrahlte sie."

Göttliches Licht,
nur ein kleiner Moment,
in dem du mich klar sehen ließest.

Ahnungen,
bekannte Worte,
verborgene Gedanken
kamen ans Licht.

Fragen
fanden Antworten,
viel größer
und anders,
als ich dachte.

Bilder wurden klarer,
Licht schien in
vergessene Gedanken.

Nur ein kleiner Moment,
traumgleich,
die Klarheit des Herrn umleuchtete mich.

Vorwort

Liebe Leserinnen und liebe Leser,
sehr gerne habe ich mit meinen Weihnachtsspielen ein zweites Buch gefüllt. Die „spielende Verkündigung" des biblischen Kinder- und Jugendtheaters zieht Kreise. Sie ist an manchen Stellen anders als die traditionelle Arbeit mit Spielstücken im Gottesdienst. Biblisches Kinder- und Jugendtheater will nicht nur ein anschaulicher Beitrag zum Gottesdienst oder eine Möglichkeit zur Mitwirkung sein, sondern durch die Möglichkeit zum Einfinden in eine passende Rolle und durch das wirkliche Spielen auch selbst Verkündigung sein und den Zuschauern die Weihnachtsbotschaft wieder neu nahe bringen.
Ich freue mich, wenn auf diesem Weg immer mehr Kindern und Jugendlichen der Weg in unsere Altarräume geebnet wird.

Monika Schunk

1. Spielend verkündigen – biblisches Kinder- und Jugendtheater

Theaterarbeit mit Kindern und Jugendlichen an Weihnachten als Verkündigung? Geht das überhaupt?
Ist das nicht viel eher eine Form, einen Gottesdienst aufzulockern und Inhalte sichtbar zu machen, zu aktualisieren, oder um überhaupt einen Rahmen zur Mitwirkung zu schaffen neben der eigentlichen Verkündigung?
Vielleicht gehen Ihnen beim Lesen der Überschrift diese oder ähnliche Sätze durch den Kopf. Diese Fragen sind auch berechtigt. In der Tat sind Theaterstücke im Gottesdienst oder bei anderen Veranstaltungen oftmals eine Methode, die „eigentliche" Verkündigung zu unterstützen.
Dagegen ist nichts einzuwenden. Dennoch möchte die Konzeption „biblisches Kinder- und Jugendtheater" über diese Funktion hinausgehen. Im Spiel soll eine eigene Botschaft entstehen, sowohl bei den Mitwirkenden als auch bei den Zuschauenden.
Dass das Theaterstück gut inszeniert und auf die Zuschauer ausgerichtet ist, ist dabei zweitrangig. Es kommt vielmehr darauf an, dass die Mitwirkenden etwas spielen und sprechen, das sie als authentisch empfinden. Diese Echtheit des Spieles macht den Inhalt für alle auf eine ganz besondere Weise erfahrbar.
Dafür ist es wichtig, Ziele und Grundbausteine der Arbeitsweise zu kennen. Deshalb stelle ich die Konzeption der hier vorliegenden Krippenspiele im Folgenden etwas genauer dar. Vieles davon findet sich bereits im Krippenspielbuch „Einen Leitstern wünsch' ich mir". Ergänzungen und Weiterentwicklungen berücksichtigen die veränderten Bedürfnisse der Kinder. In meiner Gemeinde wünschen sich viele kleinere Kinder eine Sprechrolle und können sie auch gut ausfüllen. In den Anfangsjahren haben die Kleineren lieber stumme Rollen übernommen oder waren für die Zuschauer nur schlecht zu verstehen.
Eine ganze Kindergeneration ist mit dieser Art der Verkündigung groß geworden und viele machen noch heute beim biblischen Kinder- und Jugendtheater mit (das in unserer Gemeinde auch zu anderen Themen als Weihnachten stattfindet). Für die Kinder ist es ganz selbstverständlich, dass die Verkündigung im Gottesdienst nicht ausschließlich Sache von erwachsenen Ehrenamtlichen oder Pfarrern ist.
Das biblische Kinder- und Jugendtheater nimmt diese Entwicklung auf und hält den Altarraum offen für alle, die gerne mitspielen wollen. Deshalb gibt es in diesem Buch mehr Stücke mit relativ großen Sprechrollen

der Bethlehemdarsteller als im ersten Band. Grundsätzliches wie Zielrichtung, Mitwirkungsformen, Aufbau und Ähnliches sind aber gleich geblieben.

Wesentliches Ziel des biblischen Kinder- und Jugendtheaters ist es, möglichst viele Altersschichten gleichzeitig anzusprechen. Dabei geht es nicht um den kleinsten gemeinsamen Nenner, der für alle interessant sein könnte. Vielmehr stellen unterschiedliche Personengruppen unterschiedliche inhaltliche Ebenen eines Themas dar. So sind einzelne Teile des Stückes für die jeweils Betroffenen besonders interessant. Die Zuschauer müssen nicht die ganze Handlung mit allen inhaltlichen Verzweigungen verfolgen, sondern können sich auf einzelne Szenen konzentrieren, die für sie besonders wichtig sind.

Für die Weihnachtsstücke kann dies heißen: Gerade kleinere Kinder sind vielleicht nur von den Hirten, Engeln und Königen fasziniert und sie erleben hauptsächlich deren Begegnung mit Weihnachten. Über die Relevanz von Aussagen für die heutige Zeit denken nicht die Bethlehemfiguren selbst nach. Dies übernehmen meist ältere Kinder oder Jugendliche im Gespräch. Es macht nichts, wenn ein kleines Kind das Spiel erst wieder weiter verfolgt, wenn die Krippenfiguren wieder agieren, denn es verliert den inhaltlichen Anschluss nicht. Umgekehrt funktioniert das auch für die Erwachsenenebene.

Jeder spielt im biblischen Kinder- und Jugendtheater nach seinen Möglichkeiten und Wünschen. Die Trennung in Sprechrollen, stumme und sprechende Darstellende habe ich bewusst vorgenommen, um eine Unter- oder Überforderung der Mitwirkenden zu vermeiden. Kleinere Kinder spielen oft gerne mit, ohne etwas zu sagen – sie möchten einfach dabei sein und erleben so auf eine ganz eigene Weise ihre Begegnung mit der Weihnachtsbotschaft. Ältere Kinder empfinden es oft schon relativ früh als peinlich, verkleidet vor vielen Leuten aufzutreten (und vielleicht als Maria auch noch neben Josef laufen zu müssen). Das kann vermieden werden, indem sie Sprechrollen ohne Verkleidung übernehmen. Häufig können sie auch deutlicher und lauter sprechen und bringen oft eine gewisse Erfahrung mit. Andere Kinder bringen andere Begabungen (Tanzen, Musizieren) ein. Auch wenn jemand nur mithelfen möchte, kann dies berücksichtigt werden.

Wenn jeder wirklich das tun kann und darf, was ihm entspricht, bekommt solch ein Spiel eine ganz enorme Ausstrahlung, auch wenn es kein perfektes Theaterstück ist.

Bei vielen Handlungsebenen und Mitwirkungsmöglichkeiten ist es wichtig, dass ein Stück nicht seinen erkennbaren inhaltlichen Faden verliert und man am Ende nur noch weiß, dass alles irgendwie miteinander und mit Weihnachten zu tun hatte. Deshalb hat das biblische Kinder- und Jugendtheater eine klare innere Struktur. Ich achte auf Ebenentrennung in den Handlungen (heute, damals usw.). Diese Ebenen werden immer durch getrennte Personen repräsentiert. Häufig finden diese Handlungsstränge auch an unterschiedlichen Orten statt, zumindest wenn dies räumlich möglich ist.

Einen Ebenenwechsel durch die Personen sollten Sie so weit wie möglich vermeiden. Ein junges Mädchen, das gerade am Bistrotisch mit anderen Jugendlichen darüber diskutiert hat, welche Bedeutung die Botschaft der Engel für es heute haben könnte, sollte nicht in der nächsten Szene mit den Hirten Flöte spielen.

Noch eine kurze Anmerkung zum Gebrauch männlicher und weiblicher Formen: Die Ausdrücke „Sprecherinnen, Hirten, Königinnen" usw. haben sich aus der Praxis heraus je nach Mitspielern ergeben und beziehen sich nicht auf ein bestimmtes Geschlecht. Deshalb haben wir beide Formen abwechselnd verwendet.

2. Grundbausteine des biblischen Kinder- und Jugendtheaters

Die Weihnachtsbotschaft

Es geht immer um die Weihnachtsbotschaft, also um das, was in der Bibel überliefert ist. Es ist mir wichtig, dass in jedem Stück, in jeder Geschichte die biblische Verwurzelung deutlich wird. Das biblische Kinder- und Jugendtheater hat zahlreiche Bezüge zu unserem Alltag, oft mit unterschiedlichen Schwerpunktsetzungen. Sie knüpfen aber immer an die eigentliche Weihnachtsbotschaft an.
Das funktioniert nach meiner Erfahrung nur dann, wenn man nicht gleich den ersten, sich aufdrängenden Vergleich zwischen damals und heute aufnimmt, sondern die Hintergründe der ursprünglichen Aussagen sorgfältig betrachtet. Es geht darum, das Zeitlose der Aussagen zu finden, das was zunächst gar nicht konkret ist, aber in jedem Umfeld an einem Beispiel konkretisiert werden kann.
Man wird der Botschaft nicht ausreichend gerecht, wenn man nur überlegt, dass Jesus heute in einem ärmlichen Umfeld geboren werden müsste, also z. B. in irgendwelchen Wohnblocks oder im Asylbewerberheim. Ein Spiel sollte die Dimensionen des Stalls greifbar machen – unüblich, unerwünscht, trotzdem an einem von Maria und Josef ausgewählten Ort, in einer Ausnahmesituation, fernab von der Familie und Freunden. Aus dieser Breite bieten sich durchaus Konkretisierungsmöglichkeiten an. Im biblischen Kinder- und Jugendtheater werden diese aber nach Möglichkeit offen gelassen oder solche Gedanken werden in einem Gespräch beleuchtet.
Eine Ausnahme bildet das Stück „Der Stern hat seinen Glanz verloren", bei dem ein Handlungsstrang beide Ebenen verbindet.

Getrennte Handlungsebenen

Ein weiterer Schwerpunkt sind die verschiedenen Handlungsebenen: „damals in Bethlehem" und „heute bei uns". Verschiedene Personen stellen sie dar. Auch wenn die Handlungsebenen sich abwechseln und wieder aufgenommen werden, ist klar erkennbar, auf welcher Ebene sich das Spiel und damit auch der Zuschauer gerade befinden. Das Stück „Der Stern hat seinen Glanz verloren" bildet auch hierbei eine Ausnahme.

Für jeden die entsprechende Form der Mitwirkung

Die Verteilung der Inhalte auf verschiedene Personenkreise ist meistens auch mit verschiedenen Darstellungsformen verbunden. Das rein darstellende Spiel kann für viele kleinere Kinder ein richtiges Weihnachtserlebnis sein. Das darstellende Spiel muss nicht wie im klassischen Rollenspiel mit vielen Bewegungen und auf die Zuschauer gerichteten Aktionen verbunden sein. Einfach dabei zu sein und sich in die Rolle einzufühlen, kann bereits zu einer inneren Begegnung führen. Dieses wirkliche Nachempfinden der Botschaft berührt aber auch die Zuschauer. Es wirkt nicht gespielt, nicht eingeübt, sondern ist ganz einfach echt. Ebenso echt ist es, wenn ältere Kinder oder Jugendliche Gespräche führen oder mit Bewegungen Inhalte ausdrücken.
So können Kinder unterschiedlichen Alters und auch unterschiedlicher Begabungen miteinander spielen. Biblisches Kinder- und Jugendtheater eignet sich deshalb besonders gut für die Arbeit in Gemeinden. Ebenso ist diese Konzeption geeignet für schulartübergreifende Projekte.

Die Mitwirkenden

Ein Weihnachtsspiel sollte nicht zu stark auf eine Altersgruppe fixiert sein. Das Mitwirken lässt die Gemeinschaft erleben. Dabei wird erfahren, wer zur Gemeinde gehört, und die Kinder entwickeln eine Vorstellung davon, was sie selbst in einem Jahr oder vielleicht in fünf Jahren gerne machen möchten. Die Beobachtung der Älteren bei der Theaterarbeit führt bei vielen Kindern zu sehr klaren Vorstellungen von ihrem eigenen Mitspielen. Kleinere Geschwister fiebern mitunter regelrecht darauf hin, wann sie zum ersten Mal mitspielen können.
Durch die Altersmischung entsteht auch relativ wenig Konkurrenz, eher entwickelt sich eine Art Fürsorge untereinander. Die Großen helfen den Kleinen, beispielsweise wenn Kleinere einmal vergessen, sich das Mikrophon einzustellen.
Auch in der Gemeinde bereits existierende Gruppen wie etwa Chöre oder Musikgruppen können in die Stücke meistens problemlos integriert werden.

Rollenverteilung

Die Kinder sollten genau zu der Rolle kommen, die zu ihnen passt und die ihren Wünschen und Möglichkeiten entspricht. Ebenso wichtig ist es, die Wünsche der Mitwirkung (Darstellen, Tanzen usw.) zu berücksichtigen. In unserer Gemeinde melden sich die Kinder, die gerne mitspielen möchten, einige Wochen vorher an. Auf einem Anmeldezettel (verteilt mit dem Gemeindebrief oder über den Kindergarten) kann man ankreuzen, was man gerne tun möchte.
Meistens lassen sich bei der Besetzung alle Wünsche erfüllen, wobei ich häufig die größeren Gruppen (meist Tanzkinder) zuerst festlege, das heißt, ihnen eine bestimmte Rollengruppe zuweise. Fehlen Darsteller für Rollen, suche ich – oft auch mit Hilfe der Lehrkräfte unserer Grundschule – gezielt nach Mitspielern. Das hat sich bewährt.

Erwachsene beim biblischen Kinder- und Jugendtheater

Mit der Anfrage, ob auch Erwachsene mitspielen können, werde ich häufig konfrontiert. Sie finden mitunter solchen Gefallen am biblischen Kinder- und Jugendtheater, dass sie selbst mitmachen möchten.
Nach gründlicher Überlegung habe ich mich gegen diese Möglichkeit entschieden. Zum einen erscheint mir die Altersspanne der Mitwirkenden einfach zu groß, zum anderen spielen die Kinder und vor allem auch die Jugendlichen weitaus weniger frei und begeistert, wenn Erwachsene dabei sind, zu denen die Spielleiterin auch immer eine andere Beziehung hat als zu den jüngeren Mitwirkenden. Deshalb greife ich nur in ganz wenigen Ausnahmefällen und auch dann in deutlich abgegrenzten Funktionen auf Erwachsene zurück. Häufig können aber deren Aufgaben von älteren Kindern oder Jugendlichen übernommen werden.
Neu stellt sich die Frage mittlerweile deshalb, weil die Jugendlichen, die nun viele Jahre beim biblischen Kinder- und Jugendtheater mitgemacht haben, dies als junge Erwachsene eigentlich noch immer gerne tun. Gerne habe ich sie beim Lesen der lyrischen Textteile eingesetzt, die in diesem Band als neue Elemente des Spiels auftauchen.
Diese älteren Jugendlichen akzeptieren die Kinder eigentlich ganz gut, da man sich ja seit Jahren kennt. Dennoch habe ich eine Altersgrenze von etwa 18 Jahren festgelegt.

3. Formen von Mitwirkung und Gestaltung

Wie bereits erwähnt, ist es aus Gründen der besseren Verständlichkeit sinnvoll, Personen deutlich der Gegenwartsebene oder dem biblischen Umfeld zuzuordnen. Noch klarer wird das Bild, wenn jede Darstellungsform nur an jeweils einem Ort stattfindet. Folgende Formen setzen wir in den Stücken ein:

Darstellendes Spiel

Eine fremde Person, eine Rolle zu spielen, kann für die Mitwirkenden eine ganzheitliche Erfahrung sein. Das darstellende Spiel eignet sich für ein relativ breites Altersspektrum. Kleinere und auch schüchterne Kinder wählen oft Rollen ohne Text und können gut und fröhlich mitwirken. Häufig stellen diese Spieler die biblische Erzählung dar. In den meisten Fällen sind nicht einmal große Raumbewegungen oder Gesten gefordert. Aber bereits das Dabeisein als Hirte oder Engel ist eine schöne, religiöse Erfahrung, die viele Kinder immer wieder suchen.
Natürlich gibt es in den biblischen Teilen auch Sprechrollen. Der Textanteil ist aber recht unterschiedlich gehalten, um einer großen Bandbreite von Kindern die Mitwirkung zu ermöglichen. Biblische Rollen mit einem höheren Anteil an Text (z. B. Maria in „Sei gegrüßt, Gott ist mit dir") werden häufig von größeren Kindern gespielt.
Die Mitwirkenden in Szenen aus dem Alltag auf der heutigen Handlungsebene müssen relativ viel sprechen. Sie interpretieren oft den Zusammenhang zwischen biblischer Botschaft und der Gegenwart. Größere Kinder (etwa ab 9/10 Jahren) oder Jugendliche, die gerne spielen, sich aber nicht mehr unbedingt als „Krippenfiguren" verkleiden wollen, können diese Aufgabe übernehmen. Sie sollten aber gute Sprecher sein, da meistens Bezüge zwischen den Gesprächsteilen deutlich werden müssen. Anders als bei der überlieferten Weihnachtsgeschichte sind diese den Zuhörenden ja völlig neu.

Gespräche und reflektierende Sprechrollen

Meistens finden sie sich an den Stellen der Stücke, wo der Inhalt verdeutlicht oder vertieft oder der Blickwinkel anderer klar gemacht werden

soll. Gewählt wird diese Form der Mitwirkung meistens von etwas älteren Kindern oder Jugendlichen (etwa ab 12 Jahren), die nicht mehr so gerne in fremde Rollen schlüpfen. Meist sind sie auch bessere Leser und Sprecher – ein großer Vorteil für diese Art der Vermittlung, da auch hier die Bezüge der Gedanken und ihre Weiterführungen für die Zuhörenden neu sind.
Hier findet auch die Einbeziehung der Erwachsenenwelt statt. Häufig wird über Aussagen von Erwachsenen oder über Beobachtungen gesprochen, wie etwa im Stück „Und plötzlich waren alle wieder fort", als eine Sprecherin sagt: „Ich habe gehört, dass manche Leute ...". Eine Sprecherin kann aber auch einer fremden Person ihre Stimme leihen, z. B. einer alten Frau, die aus ihrem Leben erzählt.

Musik und Tanz

Musizieren und tanzen – auf der Skala der Mitwirkungswünsche ganz oben – lassen Raum für eigene Gedanken, da sie die Handlung kurz verzögern. Oft verleihen sie aber auch der emotionalen Botschaft Ausdruck, wie z. B. einer feierlichen Stimmung beim Engelstanz in „O Freude über Freude?!".
Für viele Kinder sind Musik und Tanz eine Möglichkeit, ihre eigene innere Beteiligung zum Ausdruck zu bringen. Oft wagen sie sich hier mit anderen zusammen zum ersten Mal in die Öffentlichkeit.
Die Auswahl der Musikstücke richtet sich danach, welche Instrumente die Kinder spielen und wie gut sie sie beherrschen. Ich greife meistens auf die gängige Literatur zurück. Natürlich kann Musik auch eingespielt oder eventuell ganz weggelassen werden. Auch ganz andere Formen sind denkbar, z. B. die Beteiligung der Zuschauer.
Bei den Tänzen genügen häufig schon einfachste choreographische Elemente, wie sie auch am Ende des Buches zu finden sind. Der Spaß und das wirkliche Erleben stehen auch hier im Vordergrund. Durch Requisiten, wie etwa für die Hirten ein Stoffschaf oder eine brennende Laterne, lässt sich schon mit relativ wenig Bewegung viel Wirkung erzielen. Auch absolute Exaktheit ist dann nicht nötig. Die begleitende Musik soll die gewünschte Stimmung zum Ausdruck bringen, einigermaßen ins Ohr gehen und keine allzu präzisen Abläufe erfordern. So machen sowohl Proben als auch die Aufführung noch Spaß.

Pantomime

Einfache Formen des körperlichen Ausdrucks illustrieren die Einzelaspekte des Inhaltes (z. B. die „Inselsituation" in „Und plötzlich waren alle wieder fort"). Perfektion ist dabei nicht nötig. Für Pantomime kommen nur ältere Kinder oder Jugendliche in Frage, da eine gewisse Langsamkeit und nach außen gerichtete Überdeutlichkeit der Bewegungen nötig ist.

Symbolhandlungen

Wenn sich der Inhalt in seiner ganzen Tragweite in Worten nur unzureichend ausdrücken lässt oder ganz persönliche Glaubenserfahrungen angesprochen werden sollen, bieten sich symbolische Handlungen an. Im Stück „Der Stern hat seinen Glanz verloren" wird der Stern immer dunkler, als sich die Menschen immer mehr voneinander abgrenzen.
Bei Symbolhandlungen sollten die Mitwirkenden einen gewissen inhaltlichen und räumlichen Überblick haben. An diesen Mitwirkenden können sich dann auch jüngere Kinder orientieren.
Nahezu schon „traditionell" ist der Einzug der Personen aus Bethlehem durch den Kirchenraum. Diesen sehr feierlichen Moment schätzen die Beteiligten genauso wie die Zuschauer. Er erlaubt es, sich in die Geschichte einzufinden, und symbolisiert noch einmal den Wegcharakter von Weihnachten.

Rede, Moderation, Auslegung

Diese Elemente werden eingesetzt, wenn es um die Zusammenführung verschiedener Ebenen geht. Eine übergeordnete Instanz bietet eine inhaltliche Zusammenfassung oder Weiterführung, die darstellerisch nicht zu verdeutlichen ist. Auch Gespräche auf der Erwachsenenebene finden hier statt. Hierzu benötigt man wirklich gute Sprecher.

Lyrische Texte

In einigen Stücken gibt es lyrische Texte, die die Erzählhandlung vertiefen. Sie können Gedankenanstöße für ganz persönliche Interpretationen des Gehörten geben.

Sehr schön ist es, wenn sie mit sanfter, ruhiger Musik untermalt vorgetragen werden. Sprecherinnen mit klarer Stimme eignen sich hervorragend dafür.

4. Spielorte und Ausstattung

Spielorte

Die Spiele in diesem Buch sind zunächst für den Kirchenraum konzipiert. Möglich ist eine Aufführung natürlich auch in anderen Räumen.
Je nach Aufführungsort muss sicher das eine oder andere verändert, umgestaltet oder zusammengefasst werden. Prinzipiell ist es wichtig, dass die Handlungsebenen auch verschiedenen Orten zugeordnet sind. Auch das hilft, die Handlungsstränge zu trennen. Der Zuschauer kann sich in die jeweilige Handlung einklinken oder eine „Denkpause" einlegen, bis die andere Ebene weitergeht. Auch wenn am Ende der Stücke die Jetztzeit-Darsteller mit in den Stall gehen und so die Nähe der biblischen Botschaft zu unserer Zeit verdeutlichen, sollte vorher keine Vermischung stattfinden, damit wirklich klar ist, wo man sich gerade befindet.

Altarraum
Hier befindet sich immer der Stall von Bethlehem. Der Altarraum ist zentraler Ort aller Kirchen und die biblische Weihnachtsbotschaft die zentrale Aussage aller Weihnachtsspiele. So kann auch keine Schieflage durch ein übergewichtiges Beispiel in der Jetztzeit entstehen.
Der Stall von Bethlehem sollte immer eine große Krippe haben, vielleicht mit Kerzen im Inneren, und genügend Platz für alle Mitwirkenden bieten. Findet eine Zusammenführung der Ebenen statt, kommen alle Mitspielenden hierher.

Bühne
Daneben gibt es eine Bühne, von der aus Szenen der Jetzt-Zeit angespielt und Dialoge, die sich um Inhalte unserer Zeit drehen, gesprochen werden. Oft verwende ich hier einen Stehtisch, auf dem die Spieler Textblätter ablegen können und der zugleich die Gesprächssituation unterstützt.
Generell ist es wichtig, dass die Mitspielenden so hoch wie möglich stehen. In einem voll besetzten Raum ist auf gleicher Ebene praktisch ab der fünften oder sechsten Reihe nichts mehr zu sehen, was häufig bei Proben noch nicht auffällt. Dass die Stücke relativ wenig Bewegung enthalten, hat unter anderem hierin seinen Grund. Meistens können nur einzelne Teile des Raumes ausreichend erhöht werden, sodass nicht zu viel Bewegung möglich ist, zumal das Hinauf- und Herunterkommen für kleinere Kinder recht aufwändig ist.

Gibt es keine Bühnenbausteine, kann man sich recht gut mit stabilen Tischen behelfen. Sie sollten über kleine Treppen oder Hocker zu erreichen sein, die auch kleine Kinder alleine erklimmen können, ohne über ihre ungewohnten Kleider zu stolpern.

Kanzel oder Lesepult
Gibt es darüber hinaus Moderationen oder Auslegungen, die länger sind und auch über die Ebene der Dialoge hinausweisen, sie zusammenfassen oder weiterführen, ist dafür die Kanzel oder ein Lesepult sinnvoll.
Ist dies räumlich nicht möglich, sind diese Teile besser auf der Bühne als im Altarraum aufgehoben.

Kirchenraum
In Kirchen haben wir immer das Problem, dass man in den hinteren Reihen oder an äußeren Plätzen schlechter sieht, hört oder sich einfach innerlich zu weit vom Geschehen entfernt.
Ich habe in den letzten Jahren zunehmend den ganzen Raum mit einbezogen. Neben dem Einzug der Krippenspieler, der in vielen Stück auftaucht, tanzen beispielsweise Maria und die Engel in „O Freude über Freude" im Mittelgang der Kirche. So sitzen plötzlich Menschen der letzten Reihe ganz vorne und werden dadurch wieder nahe ans Stück herangeholt.
Auch bei den in einigen Spielen eingesetzten lyrischen Texten kann der Kirchenraum ein sinnvoller Aufführungsort sein.

Technische Ausrüstung

Die Botschaft eines jeden Weihnachtsspiels steht und fällt damit, dass die Zuschauer sie überhaupt hören. In der ursprünglichsten Form des biblischen Kinder- und Jugendtheaters arbeiteten wir deshalb mit einer noch stärkeren Trennung in Darsteller und Sprecher. Das verbessert die Hörbarkeit enorm und ist auch bei den meisten hier vorliegenden Stücken möglich, wenn nicht genügend sprechstarke Mitspielende zur Verfügung stehen. Allerdings werden dadurch die dann stummen Spielrollen oft so stark reduziert, dass sich die Kinder leicht unterfordert fühlen.
Für Sprecher und Sprecherinnen ist es optimal, wenn jeder mit einem tragbaren Mikrophon ausgestattet ist. Allerdings ist das vermutlich kaum zu verwirklichen. Die Stücke sind deshalb alle so konzipiert, dass man zur Not in jedem Raumteil mit einem festen Mikrophon, das man hin- und

herdreht, auskommen kann. Schöner und einfacher ist es, wenn jeweils zwei Mikrophone zur Verfügung stehen, weil man sie dann auf verschieden große Sprecher einstellen kann.

Je mehr einzelne Mikrophone zur Verfügung stehen, desto besser, da dann auch gleich auf einzelne Mitspielende hin ausgesteuert werden kann. Die Gesprächssituation allerdings leidet darunter, auch wenn sie durch einen Tisch o. Ä. verdeutlicht wird, da jedes Kind dann nur auf sein Mikrophon fixiert ist und nicht auf sein Gegenüber achtet.

Hilfreich ist es, wenn eine Person zum Techniker „ernannt" wird und auch bei der Probe dabei ist, um sich Notizen zu machen.

Kostüme und Requisiten

Kostüme sind eigentlich nur für die Darstellenden des historischen Teils nötig. Sie zeigen die Zuordnung entweder zum biblischen Handlungsspektrum oder zur Jetztzeit.

In unserer Gemeinde verwenden wir Kostüme in Universalgrößen: Umhänge für Maria und Josef, Engelskleidchen, Hirtenfelle und -jacken, Umhänge für die Könige. Auch lose Stoffbahnen, die durch Stecken vielfältig einsetzbar sind, haben sich immer wieder als nützlich erwiesen, gerade bei besonders kleinen oder besonders großen Darstellenden.

Alle Kostüme sollte man möglichst knitterfrei lagern können. Königskronen aus Wellpappebänder können flach gelagert und bei Gebrauch mit einer Büroklammer der jeweiligen Kopfgröße angepasst werden.

Häufig haben die Mitspieler sehr genaue und konkrete Vorstellungen davon, was sie für ihre Rolle brauchen, wie etwa den Wanderstock vom letzten Sommer oder die eigene Puppe als Jesuskind. Einen Überblick über unsere Kostümausstattung finden Sie im Anhang.

5. Probenarbeit

Ein Grundanliegen bei der Entwicklung des biblischen Kinder- und Jugendtheaters waren möglichst wenig Proben. Erfahrungsgemäß haben vor den Weihnachtstagen alle Mitspieler so viele Termine, dass viele Proben mit allen gar nicht zu verwirklichen sind. Außerdem sollte die Mitwirkung für alle mit relativ geringem Aufwand verbunden sein, da nur dann ein echtes Spiel entstehen kann. Die hier genannten Proben stellen das Minimalprogramm dar.

Überblick für die Spielleiterin

Zu jedem Stück sind in einem Raster Personen, Orte, Darstellungsformen und die wichtigsten Grundaussagen aufgeführt. Dort finden Sie auch die Minimalzahl der Mitwirkenden, Angaben zu notwendigen Kostümen und die ungefähre Spieldauer. So lässt sich auf einen Blick feststellen, ob ein Stück mit den zur Verfügung stehenden Mitspielern und den vorhandenen Mitteln zu realisieren ist.
Außerdem ist das Raster hilfreich, um den Mitwirkenden vorab die Handlung in Grundzügen vorzustellen, und es ist nützlich für den Techniker.

Texte

Die Texte können die Spieler in den meisten Fällen ablesen. Allerdings sollten sie sie gut geübt haben. Sie müssen deshalb den Mitwirkenden rechtzeitig zur Verfügung stehen. Von auswendig gesprochenen Texten halte ich wenig. Das Auswendiglernen von Texten ist ein ungeheurer Aufwand für die Kinder, die oft auch noch für andere Aufführungen üben sollen. Die Konzentration auf Auswendiggelerntes und auf Anschlüsse nimmt außerdem viel von der Authentizität. Lesen ist dagegen kaum störend, es gibt den meisten Kindern und Jugendlichen mehr Sicherheit und damit auch mehr Ausstrahlung. Viele Kinder können spätestens nach der Probe ihre Texte sowieso auswendig; der Zettel in der Hand hilft jedoch gegen die Angst, etwas zu vergessen. Unsicheren Kindern oder Leseanfängern kann der Spielleiter ein wenig helfen oder sie ermutigen, sich einen Notizzettel zu malen, der sie an wichtige Inhalte erinnert. Die exakte Formulierung ist meistens nicht nötig.

Einzelproben

Es ist hilfreich, Tänze und Musikstücke vorher in ein oder zwei Einzelproben einzuüben. Dann entstehen für die anderen Mitspieler keine allzu langen Wartezeiten. Eine Probe sollte im Kirchenraum (oder in einem anderen Aufführungsraum) stattfinden, da die räumlichen Gegebenheiten und die Akustik oft gewöhnungsbedürftig sind. Wichtige Punkte für die Tänze können mit Klebebändern am Boden markiert werden. Sie können auch Hinweise zur Bewegungs- oder Blickrichtung geben.
Die Musiker sollten außer ihren Darbietungen auch den Auftritt proben und wissen, wo sie ihre Instrumente ablegen können.

Gesamtprobe

Im Anschluss an diese Vorarbeiten ist es meistens möglich, in einer großen Probe (Dauer etwa eineinhalb Stunden) das Stück zusammenzubauen. Folgende Schritte haben sich hierbei bewährt:

Kostümierung
Zunächst werden alle Darstellenden eingekleidet und ihre Kostüme gleich mit Namensschildern versehen. Es ist gut, wenn hierfür eine eigene Person zur Verfügung steht, die diese Aufgabe auch beim Weihnachtsgottesdienst übernimmt. Wir ziehen die Kinder immer an dem Ort der Kirche um, von wo aus sie dann einziehen, also meistens hinten.
Die Darsteller mit Sprechteilen sollten zuerst eingekleidet werden, da die Sprechprobe bereits starten kann, während die stummen Spieler angezogen werden.

Sprechproben
Zuerst sollten alle Sprechenden einen kleinen Textteil proben, um sich an die Akustik und die Mikrophone zu gewöhnen.
Bei dieser Gelegenheit kann der Techniker die Mikrophonanlage aussteuern. Damit dies funktioniert, muss die Spielleiterin vorher festgelegt haben, wer von welchem Mikrophon aus spricht.

Überblick für die Mitwirkenden/Anschlüsse
Alle Mitwirkenden müssen ihre Auftrittsorte wissen. Da die meisten Mitwirkenden nur ihre Szenen kennen, ist es sinnvoll, die Gesamtkonzeption des Stückes und die inhaltlichen Grundzusammenhänge kurz zu erläu-

tern. Wichtig ist hierbei, dass den Mitwirkenden klar wird, wer mit wem inhaltlich in einem Zusammenhang steht und wie die Szenen verknüpft sind.

Für die Auftritte muss klar sein, was in der Szene vorher passiert, wer wann aufstehen und wohin gehen muss.

Der Spielleiter muss vorher auch bedacht haben, wo Textblätter zu deponieren sind, die man beim Tanzen nicht brauchen kann, oder ähnliche technische Details.

Spiel

Im Anschluss daran wird das gesamte Stück mit Unterbrechungen nach den Szenen geprobt. Der Spielleiter weist noch einmal genau auf die Übergänge oder Stichworte hin. Auch sollten Sprechfehler (zu laut, zu leise, ohne Zusammenhang usw.) gleich korrigiert werden. Dann folgt ein Durchlauf ohne Unterbrechungen.

Wenn möglich, sollte diese Probe erst am 23. Dezember stattfinden. So bleiben das Geprobte und auch die Verbesserungen bis zur Aufführung am nächsten Tag gut im Gedächtnis. Außerdem kommt häufig schon erste Feststimmung auf.

Sicher entsteht so keine perfekte Theateraufführung. Das biblische Kinder- und Jugendtheater soll jedoch auch bei der Aufführung eine innere Beteiligung der Mitwirkenden ermöglichen und spontan bleiben.

6. Anpassung an örtliche Gegebenheiten

Im Anschluss an jedes Stück finden Sie einen Abschnitt „Möglichkeiten und Hilfen", der jeweils einige mögliche Veränderungen vorstellt. Vieles ist auf mehrere Stücke übertragbar, wie etwa die Erweiterung/Verkleinerung des Sprechendenkreises. Wichtig ist es, dass bei Veränderungen die inhaltliche Grundaussage der Szene (siehe Raster) erhalten bleibt.

Manchmal scheinen Traditionen mit der Konzeption des biblischen Kinder- oder Jugendtheaters nicht vereinbar, z. B. die langjährige Mitwirkung einer Erwachsenengruppe. Hier ist Fingerspitzengefühl gefragt. Vielleicht bietet ein Familiengottesdienst auch noch andere Mitwirkungsmöglichkeiten als direkt im darstellenden Geschehen?

Ähnliches gilt für die Mitwirkung von Chören. Sinnvollerweise umrahmt man das Spiel mit Beiträgen. Sollen sie im Stück selbst eingebracht werden, ist eine gute Überleitung wichtig, die aus dem Stück heraus und dann auch wieder hinein führt.

Bei manchen Stücken sind Lieder angegeben, die gut dazu passen oder während des Spiels gesungen werden können. Es handelt sich dabei überwiegend um Vorschläge. Ebenso verhält es sich mit der Musik zum Einzug, zu den lyrischen Texten oder zu den Tänzen. Fast immer können alternative Musikstücke verwendet werden, da auch die Tänze wenig punktgenaue Elemente enthalten.

... denn meine Augen haben das Heil gesehen

(Simeon, der alte Mann aus dem Tempel, erzählt den Menschen, die damals in Bethlehem dabei waren, wie er die Begegnung mit Jesus erlebt hat. Altes und Vergangenes wurde unwichtig für ihn. Weihnachten bedeutet, dass der Mensch den Blick von der Vergangenheit in die Zukunft lenken darf.)

Angaben zum Stück

Mitwirkende Personen:

sprechend und spielend
- Simeon (großer Textanteil) (Si)
- 2 Hirten (mittlere Textanteile) (H1 und H2)
- 3 Könige (mittlere Textanteile) (K1, K2, K3)
- Maria (mittlerer Textanteil) (M)
- Josef (mittlerer Textanteil) (J)
- 4 Engel (kleine Textanteile und lyrische Texte) (E1–E4)

spielend
- Engel, Hirten, Könige

sprechend
- Sprecher S (große Anteile und Moderation)
- Sprecher A–H (mittlere Textanteile)

Kostüme: Krippenleute (und Simeon): siehe Anhang

Requisiten:
- Dias mit Zeichnungen (Aktion 1)
- für jeden zwei Pappscheiben in Form je eines Steines und eines Sterns, die mit einer Schnur mit Perle verbunden sind (Aktion 2)

Aufführungsdauer: 20–25 Minuten

Szene	Personen/ Ort	Inhalt/ Grundaussagen	Darstellungsformen
1	Si Altarraum	Simeon erzählt, wie er Jesus im Tempel gesehen hat. Lobgesang des Simeon	• Rede • lyrischer Text
2	S, Si Altarraum und Kanzel	Man könnte neidisch werden auf Simeon. Aber warum spricht Simeon denn vom Ende, wenn mit Weihnachten doch vieles erst anfangen sollte? Weihnachten heißt: Alte Geschichten können zurückgelassen werden.	• Gespräch
Aktion 1	Kirchenraum	Was wollen wir aus unserem Leben gerne zurücklassen?	• Dias und Musik
3	A–H, S Bühne	Beispiele aus unserem Leben werden genannt.	• Rede • Moderation
4	alle Krippendarsteller, Si Kirchenraum und Altarraum	Einzug derjenigen, die damals in Bethlehem dabei waren.	• Einzug mit Musik • darstellendes Spiel
5	Si, H1, H2 Altarraum	Die Hirten erzählen von zwischenmenschlichen Konflikten, mit denen sie seit Weihnachten anders umgehen können.	• Gespräch
6	Si, K1, K2, K3 Altarraum	Die Könige erzählen, wie die Begegnung mit Jesus sie in ihrer politischen Verantwortung verändert hat.	• Gespräch
7	Si, Maria, Josef Altarraum	Maria und Josef erzählen davon, wie sie durch Jesus gelernt haben, belastende Teile ihrer Familiengeschichte neu betrachten zu können.	• Gespräch
8	Si, alle Hirten, Könige, Maria, Josef, S Altarraum und Kanzel	Alle gehen in den Stall. Weihnachten heißt: Altes muss in unserem Leben nicht mehr die Hauptrolle spielen. Weihnachten hilft uns, unsere Lebensgeschichte in einem ganz neuen Licht zu sehen.	• Rede
Aktion 2	S	Auf zwei Pappscheiben wird geschrieben oder gemalt, was wir zurücklassen wollen und wie es sich im Weihnachtslicht verändern könnte.	• Moderation • Musik • Auslegung
9	A–H Bühne	Die in Szene 3 erwähnten belastenden Situationen werden noch einmal aufgegriffen und anders betrachtet.	• Rede
10	E1–E4, Si Altarraum	Weihnachten ist auch noch heute. Es befreit uns vom Blick zurück und öffnet die Augen für Neues.	• Rede • lyrische Texte mit Musik

SZENE 1

Personen:
Simeon

Ort:
Altarraum

Si: Ich habe Jesus gesehen. Ja, wirklich, den Heiland der Welt, Gottes Sohn. Ich habe ihn wirklich gesehen. Ich war nicht dabei in Bethlehem, damals, als er geboren wurde. Aber als ihn seine Eltern nach der Geburt in den Tempel gebracht haben, da war ich auch dort. Plötzlich wusste ich: Das ist er. Das ist der, auf den wir alle schon so lange gewartet haben.
Oh – Entschuldigung, ich habe ganz vergessen mich vorzustellen. Mein Name ist Simeon und ich lebte damals in Jerusalem. Ich war oft im Tempel, denn Gottes Geist hat mir verkündet, dass ich den Heiland sehen darf, bevor ich sterben werde. Fast hatte ich damals die Hoffnung schon aufgegeben, dass ich das wirklich noch erleben werde, denn ich war schon sehr alt.
Und dann das: Sie brachten dieses Kind und ich konnte einfach nicht anders: Ich nahm es auf den Arm und war so glücklich, dass ich laut zu beten anfing.

Gott,
du hältst dein Versprechen:
Ich habe in diesem Kind gesehen,
dass du für die ganze Welt Gutes willst.
Ein großes Licht wird für alle leuchten,
egal, wo sie leben.

Gott,
ich bin immer dein Diener gewesen.
Jetzt kann ich ganz in Ruhe
älter werden und dann sterben,
denn ich habe dein Heil gesehen.

SZENE 2

Personen:
Sprecherin,
Simeon

Ort:
Kanzel,
Altarraum

S: Wenn ich den Simeon so reden höre, da werde ich ja fast neidisch. Er hat Jesus gesehen und auch gleich gewusst, dass es Gottes Sohn ist. Nur, was mich stört: Simeon hat gesagt, dass er eigentlich gar nichts weiter erleben wollte und beruhigt sterben kann. Was nützt dann eine Begegnung mit Jesus?
Und sollte nicht mit Jesus alles erst anfangen? Warum spricht Simeon dann vom Ende? Simeon, bitte erkläre mir das!

Si: Plötzlich spielten die Dinge in meinem Leben, die früher wichtig waren, keine Rolle mehr. Es war, wie wenn man jahrelang einen Schwimmreifen braucht und dann plötzlich das erste Mal ganz frei im Wasser schwimmen kann. Oder wie wenn einem nach langer Zeit ein Gipsverband abgenommen wird oder man mit einer neuen Hüfte wieder schmerzfrei gehen kann.

S: Oder so, wie wenn man das erste Mal im Frühling ein T-Shirt anziehen kann und die Sonne auf der Haut spürt?

Si: Genau. Deshalb wohl habe ich dieses Gebet gesprochen. Es ist einfach aus mir herausgekommen.
Weihnachten heißt: Das Alte ist unwichtig. Etwas ganz Neues beginnt. Für mich war es eine große Befreiung, alte Geschichten im Leben zurücklassen zu können.

S: Alte Geschichten, alte Lasten in unserem Leben zurücklassen, das klingt gut. Was möchte ich gerne zurücklassen? Welche traurigen Erlebnisse, welche Verletzungen gibt es in meinem Leben, die ich gerne hinter mir lassen möchte? Welche gibt es in Ihrem Leben?

AKTION 1 Musik und Bilder
Wenn möglich, können an dieser Stelle Dias mit Zeichnungen (s. S. 40) gezeigt werden, die solche Situationen darstellen, wie etwa ein Sturz mit dem Fahrrad, Krankheit, Streit, Tod eines lieben Menschen, schlechte Noten, Spott usw.
Dazu ruhige Musik.

SZENE 3

Personen:
A–H, S

Ort:
Bühne

A: Ich möchte so gerne nicht mehr daran denken, dass ich durch einen dummen Streit meinen besten Freund verloren habe. Wir schaffen es nicht mehr, uns zu vertragen.

B: Mein Vater sagt, er schämt sich, weil er lange Jahre unsere etwas komischen Nachbarn nicht gegrüßt hat.

C: Ich möchte meine Traurigkeit darüber zurücklassen, dass meine Oma gestorben ist.

D: Ich wollte, ich könnte die Zeit zurückdrehen und nicht dauernd in Streit mit meinen Eltern geraten.

E: Meine Lehrerin sagt, sie hätte früher schlimme politische Ansichten gehabt.

F: Ich spiele seit Jahren Klavier. Eigentlich habe ich keine Lust mehr dazu, aber ich schaffe es auch nicht aufzuhören.

G: Ich würde so gerne vergessen, dass mich mal jemand vor der Klasse ausgelacht hat, als ich etwas vorgesungen habe. Obwohl es lange her ist, muss ich immer daran denken, wenn ich etwas vor vielen Leuten sage.

H: Ich möchte nicht immer diejenige sein, die alles organisieren muss, diejenige, ohne die angeblich nichts läuft.

S: Sicher sind auch Ihnen einige Dinge eingefallen, die Sie gerne zurücklassen würden, die Sie vergessen, irgendwo ablegen oder einfach ungeschehen machen möchten. Simeon hatte den Eindruck, dass die Begegnung mit Jesus eine neue Perspektive eröffnen würde. Können wir Weihnachten auch als etwas erleben, das unseren Blick vom Vergangenen aufs Zukünftige lenkt? Andererseits: Verleugnen wir damit nicht ein Stück unserer Lebensgeschichte, wenn wir all das, was uns belastet, durch die Weihnachtsbegegnung als unwichtig erachten? Wie ging es denen, die in Bethlehem dabei waren?

SZENE 4

Personen:
alle Krippendarsteller, Simeon

Ort:
Kirchenraum und Altarraum

Zu feierlicher Musik ziehen die Darsteller der Krippenszenerie durch den Kirchenraum ein. Simeon wartet vorne auf sie. Nach Möglichkeit sollen sich die Krippendarsteller nicht gleich in den Stall von Bethlehem begeben, sondern in der Nähe der Bühne einen Platz einnehmen, vom dem aus sie zwar gesehen werden können, aber nicht direkt im Mittelpunkt sind.

SZENE 5

Personen:
Simeon, H1, H2

Ort:
Altarraum

Si: Hallo, ihr Hirten! Wie war das damals in Bethlehem? Hattet ihr auch das Gefühl, jetzt zählt alles Vergangene in eurem Leben nicht mehr?

H1: Hallo Simeon. Ja, so ungefähr war das schon. Ich kann mich noch gut erinnern an diesen besonderen Moment, als ich den kleinen Jesus da liegen sah.

Si: Welche Sachen wolltet ihr gerne vergessen?

H2: Die Stadtbewohner haben uns oft beleidigt. Sie haben uns schlimme Schimpfwörter hinterher gerufen oder sind einfach weggegangen, wenn wir irgendwo hinkamen.

H1: Andererseits waren wir dann schon wieder gut genug, ihnen die Schafe großzuziehen oder ihnen Wolle oder Käse zu verkaufen.

H2: Mit der Zeit habe ich einen ganz schönen Hass entwickelt. Ich bin auch immer unfreundlicher geworden zu anderen Menschen.

H1: Ich habe meinen Kindern sogar Geschichten über manche Stadtleute erzählt, die nicht ganz wahr waren. Ich wollte einfach nicht, dass sie mit deren Kindern spielen. Die habe ich verjagt.

Si: Und was war, nachdem ihr Jesus begegnet seid?

H1: Mir ist klar geworden, dass ich mich zwar ärgern darf, wenn mich jemand beleidigt, und dass ich mich wehren soll. Aber ich muss nicht gleich mein ganzes Leben lang vorsichtshalber misstrauisch sein gegen alle Stadtbewohner.

H2: An manchen Tagen habe ich mich gefühlt, als würde ich nur aus Ärger bestehen. Und das, obwohl die meisten Streitigkeiten schon länger vorbei waren.

Si: Ihr versteht also, was ich meine?

H2: Ehrlich gesagt, nicht so ganz. Du hast im Tempel gebetet: Jetzt kann ich in Ruhe älter werden und sterben. So ging es mir nicht, als ich Jesus gesehen habe – wirklich nicht!

Si: Ich habe ja auch nicht gemeint, dass alle Menschen jetzt vor lauter Glück nicht mehr leben wollen. Nicht die Menschen sterben, sondern ihre alten Verletzungen, wenn man an Weihnachten Jesus begegnet.

H1: Ach so, das verstehe ich. Unser ganzer Ärger hat nicht mehr wehgetan.

H2: Ja, genau! Und weil wir nicht mehr so viel Ärger mit uns herumschleppen mussten, konnten wir gut nachdenken, wie es denn ist mit uns und den anderen. Ich zum Beispiel sage es jetzt immer ganz deutlich, wenn ich beleidigt bin. Und oft entschuldigen sich dann die Stadtbewohner, weil sie es gar nicht böse gemeint haben. Manche sind richtig nachdenklich geworden, weil sie ja nur die dummen Sprüche der anderen wiederholt haben.

H1: Ich schaffe es seit Weihnachten, mir erst mal jeden Einzelnen anzuschauen, bevor ich entscheide, ob ich ihn leiden kann oder nicht. Manche sind nett, obwohl sie aus hochnäsigen Familien kommen. Aber das gibt es ja unter uns Hirten auch, dass man sich manchmal wundert, warum einer so oder so ist …

SZENE 6

Personen:
Simeon,
K1, K2, K3

Ort:
Altarraum

Si: Oh, da sind ja auch die Könige. Die will ich auch fragen, was sich bei ihnen änderte, nachdem sie Jesus gesehen hatten. Verehrte Könige, kommt doch mal zu mir.

K1: Hallo Simeon. Schön, dass wir dich treffen. Du bist doch der, der immer im Tempel in Jerusalem war?

Si: Ich habe mich gerade ein bisschen mit den Hirten unterhalten, die kennt ihr ja auch noch. Gab es bei euch auch etwas, das ihr gerne loswerden wolltet in eurem Leben, etwas, das zurückgelassen werden sollte?

K2: Natürlich, das gibt es bei jedem Menschen, oder? Bei mir war es die Erinnerung an einen Krieg, den mein Land begonnen hat, weil wir glaubten, unser Nachbarland müsste unbedingt den gleichen Glauben haben wie wir. Bis ich als König begriffen hatte, was ich da anstelle, war schon viel passiert. Inzwischen sind unsere Länder wieder befreundet. Trotzdem schäme ich mich, dass ich das getan habe. Als ich Jesus sah, konnte ich zum ersten Mal wieder ohne Schuldgefühle nachdenken und sogar lachen.

K3: Bei mir war es ähnlich. In meinem Land gibt es viele Traditionen und Bräuche, die schon unsere Ur-Ur-Urahnen hatten. Manches davon schadet den Menschen inzwischen eher als es nützt, manches funktioniert nur, weil die Leute Angst haben, ihnen würde etwas Schlimmes passieren, wenn sie sich nicht an die Regeln halten. Ich habe mir schon oft gedacht, dass man einiges ändern müsste, aber ich war zu feige. Als ich Jesus sah, habe ich Mut gefasst.

K1: In meinem Land geht es einigen Menschen sehr gut. Sie haben ganz viel Besitz und dürfen alles – und vielen anderen geht es schlecht, weil sie für die Reichen arbeiten müssen. Ich gehöre zu den Reichen und hatte immer ein schlechtes Gewissen, obwohl alle sagen, dass das bei einem König schon in Ordnung ist. Als ich Jesus gesehen habe, wurde mir klar, dass man gerade als König einiges ändern kann.

Si: Ihr versteht also, was ich meine?

K2: Ehrlich gesagt, nicht so ganz. Du hast im Tempel gebetet: Jetzt kann ich in Ruhe älter werden und sterben. So ging es mir nicht, als ich Jesus gesehen habe – wirklich nicht!

Si: Ich habe ja auch nicht gemeint, dass alle Menschen jetzt vor lauter Glück nicht mehr leben wollen. Nicht die Menschen sterben, sondern ihre alten Gedanken und Einstellungen, wenn man an Weihnachten Jesus begegnet.

K2: Da hast du Recht. Ich habe den Krieg, den ich angezettelt habe, nicht vergessen. Nach der Begegnung mit Jesus habe ich ganz vielen Menschen davon erzählt, wie schnell man so etwas Schlimmes anrichtet, weil man glaubt, alle müssten so denken wie man selbst. Ich hoffe, dass viele Leute darüber nachdenken und nicht den gleichen Fehler machen wie ich.

K1: Ich habe nach meiner Begegnung mit Jesus begonnen, Leute zu suchen, die auch möchten, dass es zumindest etwas gerechter zugeht in unserem Land. Wir haben schon einiges erreicht, ohne dass jetzt dann die Reichen plötzlich arm sind.

K3: Ich habe durch die Begegnung mit Jesus Mut geschöpft, die Bräuche und Traditionen unseres Landes zu überdenken. Ich will nicht, dass Menschen Schaden dadurch nehmen. Das ist schwierig, denn seit vielen Jahren sind wir mit unseren Bräuchen vertraut. Aber ich gebe nicht auf, denn durch Jesus ist mit klar geworden: Nur was den Menschen nutzt, ist gut.

SZENE 7

Personen:
Simeon, Maria, Josef

Ort:
Altarraum

Si: Nun interessiert mich aber, was die Eltern von Jesus zu unseren Gesprächen meinen. Schließlich hat er ihr Leben ja ziemlich verändert. Hallo Maria, hallo Josef, habt ihr kurz Zeit für mich?

J: Aber natürlich, Simeon. Wir erinnern uns noch so gerne daran, dass du im Tempel unseren kleinen Jesus auf den Arm genommen hast und gleich erkannt hast, dass er Gottes Sohn ist.

M: Da waren wir ziemlich stolz auf ihn.

Si: Erzählt doch mal, gab es in eurem Leben auch etwas, das leichter geworden ist, weil ihr Jesus gekannt habt? Die Hirten und Könige haben so etwas erzählt.

M: Ich war ziemlich traurig vor seiner Geburt, weil es in unserer Familie deswegen viel Streit gab. Meine Familie und die von Josef waren eine Zeit lang richtig verfeindet. Als ich mein Kind dann im Arm hielt, wusste ich plötzlich, dass ich gar keine Schuld habe an dem Streit.

J: Das hat mich auch ziemlich belastet. Und dann war da noch etwas: Mein Vater hat nie verstehen können, dass ich nicht den gleichen Beruf lernen wollte wie er. Normalerweise ist das bei uns so. Immer, wenn ich Freude hatte an meiner Arbeit, gab es in meinem Herzen so einen Stich, als dürfte ich mich nicht freuen, weil ich ja meinen Vater enttäuscht hatte. Als Jesus auf der Welt war, hatte ich das Gefühl, dass ich in Zukunft kein schlechtes Gewissen mehr haben muss.

Si: Ihr versteht also, was ich meine?

M: Ehrlich gesagt, nicht so ganz. Du hast im Tempel gebetet: Jetzt kann ich in Ruhe älter werden und sterben. So war es bei uns nicht.

J: Wir hatten eher das Gefühl, dass mit Jesus erst alles anfängt.

Si: Ich habe ja auch nicht gemeint, dass alle Menschen jetzt vor lauter Glück nicht mehr leben wollen. Nicht die Menschen sterben, sondern alte und schlimme Geschichten mit anderen, wenn man an Weihnachten Jesus begegnet.

J: Dann kann ich dich besser verstehen. Ich habe auf einmal verstanden, dass mein Vater zwar enttäuscht ist, aber dass er mir das deshalb nicht mein Leben lang vorwirft. Ich wäre ja auch traurig, wenn

> Jesus nicht Zimmermann werden will. Und, stell dir vor: Seit ich mich nicht mehr mit dem schlechten Gewissen rumplage, fragt mein Vater manchmal sogar Sachen aus meinem Beruf!

M: Auch das Verhältnis in unseren Familien ist besser geworden. Nicht so, dass sich alle wieder vertragen. Aber ich habe neue Verbindungen zu Verwandten, die ich vorher fast nicht kannte. Manche aus unserer Familie behandeln uns jetzt auch ganz anders. Sie haben wohl eine Zeitlang gebraucht, bis ihnen klar war, dass Josef und ich keine kleinen Kinder mehr sind. Ja, und mit manchen ist der Kontakt abgerissen. Das ist eben so.

Si: Kommt, dann lasst uns doch in den Stall gehen und Weihnachten feiern. Ich freue mich, dass ich in diesem Jahr auch dabei sein kann, wenn ihr die Geburt von Jesus feiert.

SZENE 8

Personen:
Simeon, alle Könige, Hirten, Maria und Josef, Sprecherin S

Ort:
Altarraum, Kanzel

Alle gehen nun in den Stall und nehmen dort ihren Platz ein. Dazu kann noch einmal Musik eingespielt werden. Die Engel bleiben noch am Rand der Bühne.

S: So kann ich das auch verstehen: Weihnachten heißt nicht, dass jetzt alles erledigt ist, weil Jesus bei uns ist. Simeon hat erklärt, dass alte Verletzungen durch das Weihnachtserlebnis verblassen können, dass man alte Einstellungen und Gedanken loslassen kann und dass alte Bindungen und Verbindungen nicht mehr die Hauptrolle in unserem Leben spielen sollen. Das alles kann Weihnachten für uns bedeuten. Aber auch das andere ist wichtig. Mit dem Loslassen der alten Sachen ist es nicht getan. Wir befinden uns nicht plötzlich im luftleeren Raum, sozusagen ohne persönliche Lebensgeschichte. Weihnachten schneidet uns nicht von der eigenen Geschichte ab, sondern hilft uns, sie in einem neuen Licht zu sehen. Wir können durch die Begegnung mit Jesus vieles neu bewerten und unseren Blick nach vorne richten.

AKTION 2

Alle bekommen zwei Pappscheiben (Form: Stein und Stern), die durch eine Schnur, auf die eine Perle gefädelt ist, verbunden sind, und einen Stift (eventuell auch schon vor dem Gottesdienst).

S: Sie haben einen Stein und einen Stern in der Hand. Bitte schreiben Sie auf den Stein, was in Ihrem Leben Sie gerne zurücklassen möchten, was durch Weihnachten an Bedeutung verlieren soll. Schreiben Sie auf den Stern, wohin sich Ihr Blick wenden soll, wenn Sie das Alte loslassen können.

Ihr Kinder dürft auch malen, was sich bei euch ändern soll, was euch nicht gefällt in eurem Leben, oder nur ein Wort schreiben. Auf den Stern könnt ihr dann malen oder schreiben, wie es denn sein sollte, dass es euch besser gefällt.

Wir möchten Ihnen und euch diese „Weihnachtsschnur" mit nach Hause geben. Durch das Verschieben der Perle können Sie anzeigen, wie sehr Altes gerade eine Rolle spielt oder inwieweit Sie das Neue verwirklichen können. Das wird sich immer wieder ändern. Aber Weihnachten gibt uns jedes Jahr wieder die Chance, wie Simeon die Sachen aus unserem Leben gehen zu lassen, die unwichtig oder belastend geworden sind.

Während des Beschriftens meditative Musik. Noch mit Musik, die dann während der ersten Texte ausgeblendet werden kann, beginnt Szene 9.

SZENE 9

Personen:
A–H

Ort:
Bühne

A: Eine Freundschaft habe ich kaputtgemacht. Jetzt gehe ich sehr achtsam um mit den Gefühlen anderer Menschen. Ich freue mich, dass es wieder jemanden gibt, der mein bester Freund sein möchte.

B: Ich möchte überdenken, wie ich mit Menschen umgehe, die mir unsympathisch sind. Gibt es Gründe dafür? Oder ist es einfach das ungewohnte Verhalten, das mich an ihnen stört?

C: Ich möchte meine Trauer um die Oma nicht vergessen. Aber die schönen Erinnerungen sind stärker als meine Traurigkeit.

D: Ich habe mich verändert. Deshalb gibt es häufig Streit mit meinen Eltern. Ich hoffe, dass wir es bald schaffen, uns in unseren neuen Rollen zu respektieren.

E: Es ist immer Zeit, seine Überzeugungen, seine Ideologien und seinen Glauben zu überdenken und so zu reden, dass niemand Schaden nimmt durch meine Äußerungen.

F: Nur, weil ich etwas viele Jahre getan habe, muss ich es nicht weiterhin tun. Ich werde meinen Klavierunterricht beenden, aber ich bin froh, dass ich so viel gelernt habe.

G: Ich weiß, dass der Spott der Klasse lange her ist. Ich besinne mich auf meine Stärken und hoffe, dass die alte Wunde langsam heilt.

H: Ich werde nichts mehr tun, nur weil andere mich dazu drängen. Ich werde nur noch entscheiden, ob eine Sache *mir* wichtig erscheint.

SZENE 10

Personen:
E1–E4, Simeon

Ort:
Altarraum

E1: Sagt nicht: Das gibt es nicht. Sagt nicht: Das ist lange her.
E2: Wir Engel sind auch heute noch unterwegs zwischen Gott und euch.
E3: Weihnachten heißt nicht: Wir erinnern uns an damals.
E4: Es heißt auch nicht: Ab jetzt wird alles anders.
E1: Weihnachten heißt: Altes und Vergangenes ist nicht mehr das Wichtigste in eurem Leben.
E2: Das Alte kann euch nicht mehr alleine beherrschen.
E3: Jesus hat den Blick nach vorne gewandt, auf das, was sein wird.
E4: Jesus zeigt dir an Weihnachten: Deine Träume und Hoffnungen sollen dich leiten.

Ab hier eventuell mit leiser Musik unterlegen.

Si: Gott, du hältst dein Versprechen:
Ich habe in diesem Kind gesehen,
dass du für die ganze Welt Gutes willst.

E1: Ich habe erlebt, wie dein Versprechen wahr wurde.
Du Gott, gibst mir Recht,
wenn ich Gutes für alles Leben will.

Si: Ein großes Licht wird für alle leuchten,
egal, wo sie leben.

E2: Das Licht aus der Krippe,
der Stern über deiner Geburt wird uns leiten.
Das Licht wird nicht verlöschen.

Si: Gott, ich bin immer dein Diener gewesen.

E3: Böses wollte ich nie.
Es ist passiert und du hast mir vergeben.
Lass mich Gutes und Schönes tun
und dir Belastendes zurückgeben,
damit du mich befreist.

Si: Jetzt kann ich ganz in Ruhe
älter werden und dann sterben,
denn ich habe dein Heil gesehen.

E4: Ruhe legst du auf mich.
Ich muss nicht schnell handeln.
Altes kann Abschied nehmen.
Neues erwacht.

So wird es Weihnachten bei uns.
Weihnachtslicht und Weihnachtsfrieden ziehen ein
in mein Herz und in die Welt.

Die Engel und Simeon begeben sich in die Krippenszenerie.

Wie es weitergehen kann

Dieses Stück enthält bereits relativ viel Auslegung. Es ist daher zu überlegen, ob in einem Weihnachtsgottesdienst noch mehr Interpretation nötig ist.

Die Aussagen in den Szenen 5, 6 und 7 zu Konflikten zwischen Personengruppen, zur öffentlichen Verantwortung und zur Familiengeschichte habe ich, um den Rahmen nicht zu sprengen, nicht noch in die Jetztzeit übertragen und nur bei den Sprechern A–H belassen. Hier könnte noch eine Aktualisierung erfolgen.

Man kann auch an die Bilder aus Aktion 1 anknüpfen und sich mit belastenden Situationen konkret auseinander setzen. Sind diese Dias oder Bilder zuvor von Kindern angefertigt worden, empfiehlt sich das besonders. Da das Stück insgesamt recht statisch ist, lassen sich so die Kinder im Publikum eventuell noch einmal besonders ansprechen.

Möglichkeiten und Hilfen

Dias oder Bilder
Für Aktion 1 benötigt man Bilder, die belastende Situationen zeigen. Möglich ist es, mit Folienstiften leere Dias zu bemalen. Wichtig ist dabei, dass auf den Bildern alle Personengruppen der Gemeinde vorkommen. Diese Dias kann eine Kinder- oder Jugendgruppe vorbereiten, die bereits mit dem Thema vertraut ist.

Man kann auch auf Papier gemalte Bilder verwenden und eventuell ein paar Worte dazu sagen. Man sollte jedoch darauf achten, dass diese Aktion nicht zu viel Raum einnimmt!

Ohne Aktionen
Beide Aktionen können entfallen. Dann ist es sinnvoll, die Beispielliste der Sprecher A–H zu erweitern. An die Stelle der Aktion 2 kann auch eine kurze Auslegung treten.

Lyrische Texte
Es kann sein, dass die Engel, die ja eigentlich kleine Sprechrollen haben, mit den lyrischen Texten der Szene 10 überfordert sind. Sie können dann von einem älteren Sprecher gelesen werden, eventuell auch von mehreren.

Der Stern hat seinen Glanz verloren

(Nachdem die Hirten von den Engeln die frohe Botschaft erfahren haben, dass Jesus geboren wurde, machen sie sich auf dem Weg zum Stall. Sie sind sich uneinig, wer nun wirklich erwünscht ist: die ganz Reichen oder die ganz Armen. Sie trennen sich und treffen jeweils auf andere Menschen, die sie begleiten wollen. Doch der Stern hat seinen Glanz verloren …)

Vorbemerkung:
Dieses Spiel braucht relativ viel Raum, da zwei Gruppen von Hirten auf dem Weg zur Krippe durch den Kirchenraum ziehen und sich nur an bestimmten Stellen treffen sollen. Ein leuchtender Stern dient zunächst als Orientierungspunkt, verblasst dann aber zunehmend oder wird kleiner. Er muss sich in ausreichender Entfernung von den Hirten befinden.
In diesem Weihnachtsspiel gibt es keine strikte Ebenentrennung von heute und damals. Alle Rollen sind darstellende Rollen. Jede Personengruppe kann durch stumme Darstellende ergänzt werden.

Angaben zum Stück

Mitwirkende Personen:	
sprechend und spielend	• 4 Hirten (große Textanteile) (H1–H4) • 3 Könige (große Textanteile) (K1–K3) • 2 Engel (mittlere Textanteile) (E1, E2) • reicher Mann (mittlerer Textanteil) (M) • Obdachloser (mittlerer Textanteil) (O) • 3 Kinder (kleinere Textanteile) (Ki1–Ki3) • Maria und Josef (kleine Textanteile)
spielend	• Engel • Hirten • mehrere Kinder
tanzend	• mindestens 6 Engel
Kostüme:	• Kindergruppe: Die Kinder sollen an der Kleidung erkennbar sein als „cool" und „uncool". • Mann und Obdachloser: erkennbar als sehr reich und arm • Krippenleute: siehe Anhang

Requisiten: Mehrere gleichartige Sterne in unterschiedlichen Größen (= ein großer Stern, der kleiner werden kann) auf Stäben. Alternativ ein Stern, der im Inneren beleuchtet ist und dunkler werden kann.

Aufführungsdauer: 20–25 Minuten (stark abhängig von der Größe der Kirche und der Anzahl der stummen Mitspieler, die die Wege mitgehen)

Szene	Personen / Ort	Inhalt / Grundaussagen	Darstellungsformen
1	E1, E2, H1–H4, weitere Engel und Hirten Altarraum	Die Hirten erfahren, dass Jesus für alle Menschen geboren wurde.	• darstellendes Spiel • Gespräch
2	alle Hirten Altarraum, dann Kirchenraum	Die Hirten ziehen los, um das Kind zu finden.	• darstellendes Spiel • Gespräch
3	alle Hirten, K1–K3 Kirchenraum	Die Hirten treffen auf die Könige. Uneinigkeit wird deutlich: Sollen die „besonderen" Menschen zur Krippe kommen oder gerade die, die nichts Besonderes sind? Die Gruppe teilt sich auf.	• darstellendes Spiel • Gespräch
4	H1, H2, K1, K2, weitere Hirten, reicher Mann (M) (Gruppe 1) Kirchenraum 1	Ist es nicht besser, wenn ein paar einflussreiche Leute zu Jesus kommen als ganz viele?	• darstellendes Spiel • Gespräch • Symbolhandlung
5	H3, H4, K3, weitere Hirten, Obdachloser (O) (Gruppe 2) Kirchenraum 2	Sollen nicht gerade die zu Jesus kommen, die am Rande der Gesellschaft sind?	• darstellendes Spiel • Gespräch • Symbolhandlung
6	Gruppe 1+2, Kindergruppe mit Ki1–Ki3 Kirchenraum	Beide Gruppen haben unterschiedliche Vorstellungen davon, wer von Jesus erwünscht ist. Auch die Gruppe der Kinder teilt sich auf.	• darstellendes Spiel • Gespräch • Symbolhandlung
7	Gruppe 1 und Ki1, Ki2, weitere Kinder Kirchenraum 1	Wer passt noch zu uns und unserer Vorstellung von Bethlehem? Aber … wo ist der Stern?	• darstellendes Spiel • Gespräch • Symbolhandlung
8	Gruppe 2 und Ki3, weitere Kinder Kirchenraum 2	Wer passt noch zu uns und unserer Vorstellung von Bethlehem? Aber … wo ist der Stern?	• darstellendes Spiel • Gespräch
9	beide Gruppen, alle Engel Kirchenraum	Die beiden Gruppen treffen auf die zunächst tanzenden Engel. Sie suchen den Stern. Die Engel wiederholen ihre Botschaft: Gott ist in Jesus zu allen Menschen gekommen.	• Tanz • darstellendes Spiel • Gespräch • Symbolhandlung
10	alle mit Maria und Josef Altarraum	Der Stall von Bethlehem kann nur von allen gemeinsam gefunden werden.	• darstellendes Spiel • Gespräch

SZENE 1

Personen:
E1, E2, weitere Engel, H1–H4, weitere Hirten

Ort:
Altarraum

Der Altarraum liegt im Dunkeln. Die Hirten schlafen. Plötzlich wird es heller und heller. Die Hirten stehen auf und schauen in das Licht.

H1: Schaut mal, da! Es ist plötzlich so hell.
H2: Das blendet so. Es ist doch mitten in der Nacht.
H3: Was ist denn da los? Ein Überfall oder so? Ich habe Angst!
H4: Und so laut ist es auf einmal. Hört doch mal!

Die Engel treten auf. Dazu kann Musik eingespielt werden.

E1: Ihr Hirten, ihr müsst nicht erschrecken.
E2: Wir haben eine gute Nachricht für euch. Hört uns gut zu.
H1: Das sind ja Engel! Die kommen von Gott. Ob die wirklich uns meinen?
H2: Sei still. Wir sollen doch gut zuhören.
H3: Ja, aber das ist doch so spannend. Da …
E1: Gott schickt uns zu euch. Wir sollen euch von einer großen Freude erzählen. Gottes Sohn ist zu euch Menschen gekommen. Heute wurde er geboren. Er ist der Messias, auf den die Menschen so lange gewartet haben.
E2: Er ist für alle Menschen da, wirklich für alle. Alle sollen sich über diesen König freuen. Er kümmert sich um jeden einzelnen Menschen.
H4: Können wir den sehen? Wo ist der denn? Da müssen wir *sofort* hin!
H3: Aber wie finden wir ihn?
H1: Noch dazu mitten in den Nacht.
H2: Mensch, wir sollen doch erstmal *zuhören!*
E1: Ihr findet ihn als kleines Kind, das in einer Futterkrippe liegt, in einem Stall in Bethlehem.

Stern leuchtet etwas entfernt auf.

E2: Schaut, dort bei dem Stern ist der Stall.

Engel verlassen den Altarraum.

SZENE 2

Personen:
H1–H4, weitere Hirten

Ort:
Altarraum, dann Kirchenraum

H1: Das ist ja eine aufregende Geschichte! Stell dir mal vor: Ein König wurde hier geboren. Und wir Hirten dürfen ihn gleich sehen. Wir sind ja eigentlich sehr arme Leute, die niemand so recht leiden kann – und jetzt so etwas!
H2: Ich bin noch ganz durcheinander von den Engeln. So etwas Schönes. Gott hat sie zu uns geschickt. Mein Herz pocht noch ganz fest.
H3: Kommt, lasst uns losgehen zu dem Stall. Ich bin schon so gespannt.
H4: Schau, wir müssen ja nur dem Stern nachgehen.

Die Hirten brechen auf. Vielleicht packen sie noch etwas zusammen, nehmen Stöcke mit o. Ä. Sie machen sich auf den Weg durch den Kirchenraum. Der Stern bewegt sich in einiger Entfernung, sodass klar wird, dass sie dem Stern folgen.

SZENE 3

Personen:
H1–H, weitere Hirten, K1–K

Ort:
Kirchenraum

Die Hirten treffen in der Mitte des Kirchenraumes auf die Könige.

H1: Super, da vorne! Echte Könige! Die sind bestimmt auf dem Weg zu dem neuen König. Kommt, wir gehen mit denen zusammen. Schließlich bin ich Oberhirte, ich brauche mich nicht zu schämen!

H2: Ja, dann ist es auch nicht so peinlich, wenn wir da mit den einfachen Hirten ankommen. Vielleicht hält man uns in diesem Stall auch für Könige oder reiche Leute. Schließlich hat meine Familie die meisten Schafe.

H3: Schämst du dich vielleicht, dass du mit uns einfachen Hirten unterwegs bist? Ich finde, wenn die Engel zu uns gekommen sind, dann gehen auch wir alleine da hin.

H4: Die Engel haben gesagt, dass es ein anderer König werden wird. Der will bestimmt nichts von den reichen Leuten.

H1: Also, ich frag die jetzt. Ihr hochverehrten Könige, geht ihr auch zum Stall, zu dem neugeborenen Kind?

K1: Ich schon und mein Kollege hier. Wir kommen aus benachbarten Ländern. Angeblich ist dieser Herr *(zeigt auf den schwarzen König K3)* auch ein König.

K2: Ich finde aber, wir sollten uns nicht gemeinsam beim neugeborenen Königskollegen zeigen. Ich habe noch nie gehört, dass ein Schwarzer auch König ist.

K3: He, er ist ein König gerade für die, die sonst keiner leiden kann. Deshalb gehe ich auch da hin!

H3: Das finde ich auch. Ich bin ein armer Hirte und meine, da sollen alle hinkommen dürfen, die das wollen.

H4: Außerdem bist du ein netter König.

H1: Also, ich finde, ihr beiden *(zu König 1 und 2)* habt Recht. Ein König legt sicher Wert auf geordnete Verhältnisse.

H2: Auch unter uns Hirten gibt es da einige, die besser nicht hingehen sollten.

H3: Doch! *Alle,* hat der Engel gesagt!

H4: Macht doch, was ihr wollt. Wir beide *(zu H3)* gehen mit dem schwarzen König zum Stall. Wir gehen dem Stern nach.

K1: Vielleicht ist das wirklich besser. Bestimmt finden wir den Stall zuerst! Ph!

Die Gruppe trennt sich. H1, H2, K1, K2 gehen in die eine Richtung, H3, H4, K3 in die andere. Auch die stummen Mitspielenden teilen sich auf.

SZENE 4

Personen:
H1, H2, K1, K2, weitere Hirten und Könige, reicher Mann (M)

Ort:
Kirchenraum

K1: Schließlich können ja nicht alle einfach angelaufen kommen bei einem König.
K2: Ja, und auch wenn ein Stall als Wohnort recht ungewöhnlich klingt: Bestimmt ist es ein besonderer Stall.
H1: Das habe ich mir auch schon gedacht. Ich finde, man muss doch Respekt haben vor einem König.
H2: Und er sollte nur das Beste vom Besten bekommen!
K1: Vielleicht finden wir ja noch ein paar wichtige Leute, denen wir auch vom neuen König erzählen können. Sie können dann mitkommen, denn davon hat der neue König mehr, als wenn tausend Untertanen kommen.
H1: Schaut mal da. Das ist der reichste Mann unserer Stadt. Er hat drei riesige Häuser mit superschönen Gärten …
H2: … und einen Swimmingpool und einen eigenen Golfplatz und viele Hausangestellte …
H1: … und fährt einen tollen Schlitten!
K2: Oh ja, das könnte doch der richtige Mann sein auf dem Weg zu Jesus.
K1: Hallo, haben Sie nicht Lust, mit zum neugeborenen König zu gehen? Sie sind ein wichtiger und reicher Mann. Das ist bestimmt toll für den König.
M: Was, ein König hier in der Gegend? Natürlich muss ich da hin! Schließlich bin ich einer der einflussreichsten Männer hier. Ohne mich läuft nichts!
H1: Toll, dass so jemand mitkommt!
M: Wo ist das Schloss? Wo müssen wir hin?
H2: Wir müssen nur dem Stern folgen. Er zeigt uns den Weg.

Während dieser Szene wird der Stern kleiner/dunkler.

SZENE 5

Personen:
H3, H4, weitere Hirten, K3, Obdachloser (O)

Ort:
Kirchenraum

H3: Ein anderer König soll das ja sein, einer für die Armen.

K3: Und für die, die keiner leiden kann, weil sie anders aussehen, so wie ich zum Beispiel.

H4: Ich finde es schön, wenn einer mal nicht für die Reichen und Großen und Tollen da ist.

O *(liegt am Weg)*: Wasnloshier? Warum macht ihr solchen Lärm? Lasst mich doch wenigstens hier schlafen!

K3: Wieso schläfst du nicht zu Hause?

O: Ich habe kein Zuhause. Ich lebe auf der Straße, esse das, was andere mir schenken, bettle und schlafe hier am Straßenrand.

H3: Hilft dir denn niemand?

O: Ach, ab und zu schon. Aber wer will schon etwas mit einem Penner zu tun haben?

H4: Komm doch mit! Heute ist Gottes Sohn geboren. Er will ein König für alle sein, die sonst keiner mag. Wir sind auf dem Weg zu ihm.

O: So etwas gibt es? Da gehe ich mit.

K3: Wir müssen nur dem Stern folgen. Er bringt uns zum König.

Während der Szene wird der Stern wieder kleiner oder dunkler.

SZENE 6

Personen:
H1, H2, K1, K2, M, H3, H4, K3, O, alle stummen Darstellenden, Kindergruppe mit den Sprechern Ki1–Ki3

Ort:
Kirchenraum

Die Wege beider Gruppen kreuzen sich. Sie treffen alle auf eine Kindergruppe. Viele der Kinder sind „cool" angezogen und haben interessante Sachen dabei. Eines oder zwei stehen etwas abseits, fallen als Außenseiter auf.

H1: Da sind ja die anderen. Ihr habt den Stall wohl auch noch nicht gefunden, oder?

H3: Ihr ja auch nicht. Bestimmt will der neugeborene König uns sehen, weil uns sonst keiner leiden kann.

H2: Quatsch. Ein Obdachloser darf ja gar nicht bis zum König. Vergesst es.

Ki1: Wer seid ihr denn? Wo geht ihr hin? Was soll das hier? Lasst uns doch in Ruhe spielen!

K2: Wir gehen zum neugeborenen König!

K3: Nein, wir!

Ki2: Wer jetzt?

H1: Wir natürlich. Glaubt ihr etwa, solche Gestalten können einen König besuchen? Das ist ja voll peinlich, oder?

Ki2: Dürfen Kinder da mit?

K1: Also, ich weiß nicht recht. Kinder beim König?

K2: Aber sie sind doch die Zukunft des Landes – sagen wir immer. Wenigstens ein paar sollten wir mitkommen lassen. Das macht sich immer gut, zumindest fürs Zeitungsfoto.

M: Aber dann echt nur die coolen Kids. Ihr beide *(du, drei … je nach Anzahl)*, ihr bleibt hier. Ihr macht nicht gerade einen angesagten Eindruck. Schon eure Kleider …

H2: Also los dann. *Wir* gehen jetzt weiter, immer dem Stern nach.

Die Gruppe mit H1, H2, K1, K2, M, Ki1, Ki2, „coole Kids" macht sich auf den Weg. In einiger Entfernung setzen sie sich hin und machen Pause. Wieder verdunkelt oder verkleinert sich der Stern.

H4: Warum mögen die euch denn nicht?

Ki3: Ihr habt es ja gehört: Wir haben keine coolen Klamotten, keine angesagten Spiele und können uns nicht durchsetzen in der Gruppe. Eigentlich wollen sie gar nicht mit uns spielen. Höchstens mal, wenn einer fehlt für irgendetwas.

K3: Ich glaube, ihr passt zu uns. Uns mag auch keiner so recht. Wir glauben aber, dass der neue König eben genau für solche Leute da ist. Kommt doch mit zum Stall.

O: Ich gehe auch mit. Die anderen werden es schon sehen, dass der neue König nichts mit den Reichen am Hut hat.

H3: Die Engel haben es gesagt. Er mag auch die, die sonst keiner haben will.

Auch diese Gruppe zieht los und lagert sich zur Pause. Der Stern wird wieder dunkler oder kleiner.

SZENE 7

Personen:
Gruppe 1, Ki1, K2, weitere Kinder

Ort:
Kirchenraum

Stern verschwindet.

H2: Jetzt machen wir erstmal Pause. Wir sind schon weit gelaufen.

K1: Wir sollten unbedingt überlegen, wen wir noch nach Bethlehem mitnehmen sollten.

K2: Einflussreiche Leute müssen es sein, mit viel Geld.

H1: Und sie müssen berühmt sein.

M: Und gut reden können, damit ihnen alle glauben. Vielleicht sollten wir noch unseren Oberbürgermeister mitnehmen.

H1: Oder gleich den Bundeskanzler?

Ki2: Klasse wäre auch der Schumi, das würde echt Eindruck machen!

K1: Ich denke an andere Staatsoberhäupter …

K2: Und die Aufsichtsräte von richtig großen Firmen.

Ki1: Oder Schauspielerinnen, die sind auch berühmt und sehen gut aus.
H2: Auch Wissenschaftler wären gut, lauter Professoren.
K1: Also, dann ziehen wir weiter. Wir suchen uns noch ein paar solche Wegbegleiter und dann gibt es den großen Auftritt beim neugeborenen König.
H1: Aber … wo ist denn der Stern?

SZENE 8

Personen:
Gruppe 2, Ki3, weitere Kinder

Ort:
Kirchenraum

H3: Die Pause haben wir uns verdient!
K3: Wisst ihr, was ich denke, seit unserem Gespräch mit den anderen? Wir müssen noch viel mehr andere Menschen mitnehmen zum neugeborenen König. Es gibt noch so viele, die keiner dabei haben will.
H4: Behinderte zum Beispiel.
Ki3: Oder die, die kein Geld haben, sodass ihnen andere helfen müssen.
O: Mir fallen alle ein, die im Gefängnis sitzen.
H3: Ausländer, die eine andere Sprache sprechen.
K3: Menschen aus ganz armen Ländern.
H4: Ich glaube, da haben wir noch viel vor. Wir nehmen die alle mit zu unserem neuen König. Dann werden die anderen sehen, dass er sich nämlich schon um uns kümmert – und nicht um sie!
H3: Aber … wo ist denn der Stern?

SZENE 9

Personen:
beide Gruppen, Engel

Ort:
Kirchenraum

Im Kirchenraum ist es nun fast dunkel. Tanz der Engel. Die Engel erleuchten den Raum mit ihren Laternen, siehe Choreographie im Anhang. Am Ende des Tanzes sollte wieder normales Licht sein.

H2: Wo ist der Stern?
H4: Wo ist der Stern? Wie sollen wir den Weg finden?
H2: Haben wir den Stern verloren?

Die Gruppen treffen im Kirchenraum wieder zusammen und begegnen in der Mitte den Engeln.

H1: Ihr Engel, ihr habt uns gesagt, dass der neue König geboren ist.
H3: Ihr habt gesagt, wir müssen nur dem Stern nachgehen. Aber der ist verschwunden! Habt ihr uns angelogen?
H1: Oder war es nur ein Traum, dass ihr bei uns gewesen seid?
E1: Es war kein Traum. Was habt ihr denn gemacht?
H1: Also wir *(deutet auf seine Gruppe)* haben alle wichtigen Leute gesammelt und wollen nun zum König.

H4: Und wir *(deutet auf seine Gruppe)* haben euch zugehört. Ihr habt gesagt, dass der neugeborene König anders ist als andere Könige. Und deshalb meinen wir, dass alle, die sonst keiner mag, zu ihm kommen sollen.
H3: Ihr habt gesagt, der Stern zeigt uns den Weg zum Stall. Aber der ist weg!
H2: Wir haben genau zugehört, und jetzt das!
E2: So genau habt ihr wohl nicht hingehört.

Hirten schauen sich fragend an.

Wir haben euch gesagt, dass er für *alle* Menschen da ist.
H3: Eben!
H1: Ja, genau!
E1: Ihr könnt den Stall nur finden, wenn ihr zusammen geht. Gott hat uns den Auftrag gegeben, euch zu sagen, dass die Freude für alle Menschen gilt.
E2: Und alle Menschen heißt wirklich alle, nicht nur die, die ihr selbst für die Richtigen haltet. Geht miteinander zum Stall, dann werdet ihr ihn finden.
E1: Außerdem seid ihr viel zu früh losgelaufen. Wir waren noch gar nicht fertig mit unserer Botschaft. Hört wenigstens jetzt gut zu.
Gott schickt uns zu euch. Wir sollen euch von einer großen Freude erzählen. Gottes Sohn ist zu euch Menschen gekommen. Heute wurde er geboren. Er ist der Messias, auf den die Menschen so lange gewartet haben.
E2: Er ist für alle Menschen da, wirklich für alle. Alle sollen sich über diesen König freuen. Er kümmert sich auch um die, die keiner mag.
E1: Ihr findet ihn als kleines Kind, das in einer Futterkrippe liegt in einem Stall in Bethlehem.
Gott in der Höhe ist wunderbar und herrlich.
E2: Und auf der Erde soll Friede sein für alle Menschen, die so leben, wie Gott es will.

Der große und helle Stern leuchtet im Altarraum auf, wo Maria und Josef im Stall warten. Alle ziehen gemeinsam dort hin.

SZENE 10

Personen:
alle, Maria, Josef

Ort:
Altarraum

Maria: Kommt nur herein. Wir warten schon lange auf euch.
Josef: Hier ist Platz für alle. Wo seid ihr nur so lange gewesen?
H1: Wir haben uns … äh …
H4: Wir haben uns verlaufen.
Maria: Aber die Engel haben es euch doch erzählt und der Stern hat euch den Weg gezeigt!
E1: Sie haben nicht genau zugehört, was Gott ihnen durch uns sagen wollte. Dann haben sie den Stern aus dem Blick verloren.
K1: Wir dachten, zu einem König können doch nicht alle kommen. Da muss man schon wichtig sein, ein Chef oder so.
K3: Wir dachten, er will nur die bei sich haben, die die anderen nicht leiden können.
Josef: Unser Jesus will, dass alle Menschen zu ihm kommen, egal, was sie können oder machen oder haben.
H2: Wir haben es ja begriffen: Die wichtigen Leute sind auch für Gott wichtig, aber eben nicht nur sie.
H3: Ja, und die, die sich ausgestoßen fühlen, sind wirklich bei Jesus willkommen, aber eben nicht nur sie.
K1: Vor allem habe ich begriffen, dass nur Jesus allein entscheidet, wer zu ihm kommen darf, nicht wir Menschen.
K2: Mich hat es ganz schön erschreckt, wie schnell man den Stern aus dem Blick verliert, wenn man andere Menschen ausgrenzt.
E2: Deshalb sind wir ja noch einmal gekommen. Deshalb kommen wir jedes Jahr wieder und feiern mit allen Menschen Weihnachten: Damit man den Weihnachtsstern nicht aus dem Blick verliert.

Wie es weitergehen kann

Wichtig ist, dass nicht nur die Ausgegrenzten zu Jesus kommen dürfen. Diese Botschaft lässt sich auf die Verhältnisse vor Ort, eventuell auch innerhalb der Gemeinde, übertragen. Dabei geht es nicht um eine generelle enge Freundschaft zwischen allen Menschen oder Personengruppen (deshalb gibt es auch keinen Streit, bevor sich die Gruppen trennen), sondern um den Anspruch, seine Gottesvorstellung oder -beziehung alleine verwirklichen zu können. Dieser Gedanke kann in einer Auslegung aufgenommen werden.

Möglichkeiten und Hilfen

Zu wenig Platz
Zwei Gruppen auf unterschiedlichen Wegen, die sich nicht begegnen sollen, brauchen natürlich viel Platz. Wenn nicht ausreichend Platz zur Verfügung steht, kann eine Gruppe an der Seite warten (oder in der Sakristei), während die andere ihre Szene spielt.
Eventuell kann diese Geschichte auch im Freien, z.B. im Rahmen einer Waldweihnacht, gespielt werden.

Krippenspiel zum Mitspielen
Hier können stumme Spieler auch unvorbereitet mit einsteigen. Alle Kinder, die Lust dazu haben, können vor dem Gottesdienst eine Rolle bekommen (Hirten, evtl. Königsgefolge, Kinder) und den Weg mitgehen. Achtung: Dies verlängert die Aufführungsdauer und erfordert deutlich mehr Platz!

Mikrophone
Gibt es keine beweglichen Mikrophone, so kann eine „Sprechinsel" im Kirchenraum eingerichtet werden. Die anderen müssen aber die Möglichkeit haben, einen anderen Weg weiterzuziehen.

Ist das nicht vielleicht doch etwas übertrieben?

(Ist es nicht etwas übertrieben, sich jedes Jahr an Weihnachten wieder im Stall von Bethlehem zu treffen? Manche Dinge sind trotz Jesus unverändert und jeder hat seine Aufgaben von Jesus übernommen. Muss man da wirklich jedes Jahr Weihnachten feiern – wie ist das bei uns?)

Angaben zum Stück

Mitwirkende Personen:	
darstellend und sprechend	• Maria (mittlerer Textanteil) (M)
	• Josef (mittlerer Textanteil) (J)
	• 3 Hirten (mittlerer Textanteil) (H1–H3)
	• 3 Könige (mittlerer Textanteil) (K1–K3)
	• 3 Engel (mittlerer Textanteil) (E1–E3)
	• Lea (großer Textanteil)
sprechend	• 7 Sprecher A–G (mittlere Textanteile)
spielend	• beliebig viele Hirten, eventuell weitere Könige und Engel
tanzend	• entweder eine Gruppe von Engeln oder eine Tanzgruppe von etwa 6–12 Personen
Kostüme:	Krippenleute: siehe Anhang
Requisiten/ Material:	Krippe
Aufführungsdauer:	25–30 Minuten ohne Unterbrechung

Szene	Personen / Ort	Inhalt / Grundaussagen	Darstellungsformen
1	Lea, H1–H3, weitere stumme Hirten Bühne, Kirchenraum	Lea freut sich auf die Begegnung mit allen, die in Bethlehem dabei waren. Die Hirten wollen nicht nach Bethlehem, denn sie können auch ohne die jährliche Weihnachtsbegegnung im Kleinen nach Jesu Willen leben.	• Rede • Gespräch • darstellendes Spiel
2	Sprecher A–C Bühne	Man muss nicht in die Kirche gehen, um gute Dinge zu tun. Muss oder soll man das dann an Weihnachten?	• Gespräch
3	K1–K3, Lea, evtl. Könige oder Gefolge Bühne oder Altarraum	Auch die Könige finden den Aufwand, jedes Jahr nach Bethlehem zu gehen, übertrieben. Sie haben Wichtiges mit anderen Staatsmännern – im Sinne Jesu – zu besprechen.	• Gespräch • darstellendes Spiel
4	D, E Bühne	Ist es in Ordnung, wenn man so mit ehrenamtlichem Engagement beschäftigt ist? Verändert das überhaupt etwas?	• Gespräch
5	Lea, E1–E3, evtl. weitere stumme Engel Altarraum	Wer hört den Engeln eigentlich noch richtig zu? Sind sie nicht oft nur für Stimmungen zuständig oder dienen als Dekoration?	• Gespräch • darstellendes Spiel
6	F, G Bühne	Wie verhält es sich mit dem Nachdenken oder Sprechen über den Glauben bei uns?	• Gespräch
7	Maria, Josef, Lea Altarraum	Warum kommt niemand nach Bethlehem? Lea berichtet von ihren Erfahrungen mit den Krippenfiguren.	• Gespräch • darstellendes Spiel
8	Maria, Josef, H1, K1, E1, Lea, Tanzgruppe, alle stummen Spielenden Altarraum/Kirchenraum	Maria und Josef erzählen, dass alle Aspekte des Glaubenslebens für Jesus wichtig waren. Weihnachten hilft dabei, wieder alle Formen des Glaubenslebens zu sehen.	• Gespräch • darstellendes Spiel • Tanz
9	A, E, F, Lea Bühne	Auch heute heißt Weihnachten: Diakonie, politisches Engagement und Gespräche über Glaubensinhalte gehören zusammen. Trotzdem kann jeder seinen Schwerpunkt setzen.	• Gespräch

SZENE 1

Personen:
Lea, H1–H3,
weitere stumme
Hirten

Ort:
Kirchenraum,
Bühne

Lea: Heute ist endlich wieder Weihnachten! Ich finde es immer so schön, wenn sich die Leute aus Bethlehem hier bei uns in der Kirche treffen. Bestimmt freuen sich die Hirten, die Könige, Maria, Josef und die Engel auch schon das ganze Jahr auf ihr Treffen. Schließlich haben sie ja erlebt, wie Gottes Sohn zu uns Menschen kam.

Hirten laufen an Lea vorbei, eventuell aus dem Kirchenraum heraus. Sie unterhalten sich leise und nehmen keine Notiz von Lea.

Lea: Hallo, ihr Hirten! Wo geht ihr denn hin? Heute ist doch Weihnachten. Müsstet ihr nicht schon längst im Stall von Bethlehem sein?

H1 *(verlegen)*: Ja, irgendwie schon … also, na ja … aber …

H2: Um es mal deutlich zu sagen: Wir gehen da dieses Jahr nicht hin.

Lea: *Was???* Das geht doch nicht! Ihr Hirten gehört doch einfach dazu! Weihnachten ohne Hirten, das gibt es doch gar nicht.

H3: Weißt du, wir waren jetzt schon so viele Jahre dort. Wir haben irgendwie keine Lust mehr.

H1: Und es kostet auch immer so viel Zeit – alleine schon der weite Weg!

Lea: Aber die Begegnung mit dem Jesuskind hat doch euer Leben verändert. Da könnt ihr doch nicht so einen wichtigen Festtag einfach auslassen.

H2: Unser Leben verändert? Ach, weißt du, Lea, am Anfang dachten wir das auch. Wir hatten solche Hoffnungen, dass jetzt alles anders werden wird. Wir dachten, wir Hirten werden nicht mehr diejenigen sein, mit denen niemand etwas zu tun haben will. Wir hatten die Hoffnung, dass wir wie andere Menschen behandelt werden, wenn alle kapiert haben, dass Jesus das so will.

H3: Wir waren auch untereinander aufmerksamer, netter. Wir haben geschaut, wer Hilfe braucht und so. Auch bei denen, die wir nicht so gut leiden konnten.

Lea: Aber das ist doch genau das, was Jesus uns erzählt hat. So sollen wir miteinander leben. Aber warum wollt ihr dann nicht nach Bethlehem?

H2: Weil es im Lauf der Zeit wieder anders wurde. Nach wie vor kann uns keiner richtig leiden. Wenn trotzdem jemand nett zu uns Hirten ist, denke ich mir oft: Das täte er vielleicht auch ohne Jesus und Weihnachten und so. Es ist halt einfach ein netter Mensch.

H3: Und helfen können wir uns untereinander ja auch so. Dazu brauchen wir eigentlich auch nicht unbedingt nach Bethlehem zu gehen.

Lea: Aber wollt ihr nicht die anderen treffen?

H1: Es war schon ganz nett damals, ja. Aber deswegen jedes Jahr nach Bethlehem gehen? Das ist doch etwas übertrieben. Wir machen einfach das, was zu uns passt, sind zueinander netter und aufmerksamer – und den Rest von Bethlehem, den schenken wir uns einfach!

Hirten nehmen am Rand des Altarraums Platz.

SZENE 2

Personen:
A–C

Ort:
Bühne

A: Heute ist also Weihnachten. Da gibt es ja feste Bräuche in jeder Familie. Wir gehen da immer in die Kirche.

B: Ja, aber ihr tut das doch auch das ganze Jahr über, seid immer bei Festen und auch an normalen Sonntagen hier in der Gemeinde. In meiner Familie ist das nicht so üblich.

C: Bei uns auch nicht. Wir glauben schon an Gott und so. Aber deswegen gehen wir trotzdem ziemlich selten in die Kirche.

A: Ich finde halt, dass das dazu gehört, dass man sich auch mit anderen trifft, die an Gott glauben.

B: Schon, aber das ist doch noch lange kein Glaube. Meine Oma sagt immer: Die, die am häufigsten in die Kirche rennen, benehmen sich im normalen Leben am unchristlichsten.

C: Und viele gehen auch bloß hin, weil sie vorm Pfarrer gut dastehen wollen. So leben, wie Jesus das wollte, das kann man nur außerhalb der Kirche.

A: Erkläre mir das mal genauer, bitte.

C: Na ja, zum Beispiel dich um andere kümmern, die deine Hilfe brauchen. Ich mache zum Beispiel am Dienstag immer Hausaufgabe mit Anastasia aus meiner Klasse, weil sie nicht so gut Deutsch kann. Wir sind jetzt nicht gerade befreundet, aber ich tue das gern.

A: So was mache ich ja auch. Ich gehe oft für meine Nachbarin einkaufen, weil die nicht mehr so gut laufen kann. Und auf meine kleinen Geschwister passe ich auch oft auf, damit meine Mama mal in Ruhe mit ihrer Freundin spazieren gehen kann.

B: Du hast schon Recht, das sind alles Sachen, die Jesus auch wollte, dass wir einander helfen und so. Aber das würdest du doch bestimmt auch machen, wenn du nicht in die Kirche gehen würdest, oder? Du bist halt einfach hilfsbereit.

C: Genau. Und umgekehrt habe ich das auch erlebt. Sophia zum Beispiel ist ja auch ganz oft hier in der Kirche und hilft viel mit bei allem möglichen. Früher waren wir echt gut befreundet. Seit sie im Gymnasium ist und ich auf der Hauptschule, will sie mit mir einfach nichts mehr zu tun haben.

B: Ist ja nicht besonders christlich, oder? Ich meine, dass das mit Weihnachten schon eine ganz nette Feier ist und auch schön, wenn man sich an diese Geschichte erinnert. Und irgendwie ist es auch stimmungsvoll. Aber dafür, dass die Menschen sich mehr umeinander sorgen, dafür braucht man Weihnachten nicht. Das ist einfach übertrieben!

A: Vielleicht hast du ja Recht. Trotzdem finde ich es wichtig, dass man sich an Weihnachten immer wieder daran erinnert, wie Jesus wollte, dass wir zusammenleben. Ich glaube, ohne Weihnachten wäre das schnell vergessen!

SZENE 3

Personen: K1–K3, Lea

Ort: Bühne oder Altarraum

Könige, eventuell mit Gefolge, marschieren auf.

K1: Heute machen wir es uns richtig gemütlich, oder?

K2: Endlich mal nicht diesen langen Weg in der kalten Jahreszeit.

K3: Ja, und es war ja schließlich auch jedes Jahr das Gleiche, oder?

Lea: Hallo ihr Könige! Schön, dass ich euch treffe. Bestimmt seid ihr auf dem Weg nach Bethlehem. Stellt auch mal vor: Die Hirten wollen da dieses Jahr nicht hingehen!!

K2: Recht haben sie!

Lea: Wie bitte? Wollt ihr auch Weihnachten schwänzen?

K1: Lea, diese Reise ist so anstrengend. Wir wissen ja, wie es damals war.

K3: Wir haben uns auch gemerkt, was Jesus uns gezeigt hat: Dass er will, dass sich Leute aus aller Welt vertragen, dass er für alle da sein will.

K2: Wir bemühen uns das ganze Jahr um den Frieden zwischen den verschiedenen Völkern. Da müssen wir nicht extra jedes Jahr nach Bethlehem. So viel können wir uns schon merken.

K1: Wir erzählen in aller Welt, dass Jesus ein ganz anderer König ist, und reden mit vielen Menschen darüber, wie sie sich Gott vorstellen. Das machen wir das ganze Jahr – nicht nur an Weihnachten.

Lea: Ja, aber wollt ihr nicht wenigstens die anderen dort treffen, die Hirten, Josef und Maria und die Engel?

K2: Ach, so wichtig finde ich das nicht. Wir machen eben das, was von Jesu Botschaft zu uns passt, und die das, was zu ihnen passt. Weil wir viel unterwegs sind, kümmern wir uns eben um das Verhältnis der Völker und verschiedenen Länder.

K3: Vielleicht haben wir ja im nächsten oder übernächsten Jahr wieder Lust auf Bethlehem. Aber jedes Jahr dahin gehen, bloß weil Weihnachten ist – das ist doch etwas übertrieben.

Könige nehmen am Rand Platz.

SZENE 4

Personen:
D, E

Ort:
Bühne

D: Es wäre ja schade, wenn dieses Jahr keiner in den Stall kommen würde.

E: Ja, irgendwie schon, aber die Könige haben doch auch irgendwie Recht. Sie haben so wichtige Aufgaben. Überleg mal – da geht es um den Frieden in der Welt. Sollen sie da echt bloß wegen Weihnachten alles stehen und liegen lassen und nach Bethlehem kommen?

D: Sie handeln ja im Sinn von Jesus. Wenn da heute wichtige Verhandlungen sind, ist es vielleicht doch besser … Aber Moment mal: Die wollten sich doch einen gemütlichen Abend machen?!

E: Haben sie sich nach der schweren Arbeit auch verdient. Ich kenne eine Frau, die sich so bei *amnesty international* engagiert hat, dass sie keine Zeit mehr hatte, in die Kirche zu kommen.

D: Auch nicht an Weihnachten?

E: Das weiß ich nicht so genau. Auf alle Fälle meinte sie, diese Arbeit sei das Wichtigste in ihrem Leben. Sie hat bestimmt im Sinn von Jesus gehandelt, auch wenn sie nicht im Gottesdienst war.

D: Aber dass die Könige nicht nach Bethlehem kommen wollen, finde ich trotzdem nicht so toll. Was soll das überhaupt sein: mit anderen Menschen darüber reden, wie sie sich Gott vorstellen?

E: Vielleicht ist das ja ganz interessant. Obwohl ich denke, dass es meistens am besten ist, wenn man unter sich bleibt. In unserer Klasse finden es zwar alle gut, wenn wir Jugendlichen aus unterschiedlichen Ländern miteinander reden und was unternehmen. Wir sehen das alle ein. Und an den Aktionstagen in der Schule tun wir das schon, aber …

D: Ist doch super.

E: Ja, aber danach treffen sich wieder Deutsche mit Deutschen, Türken mit Türken, Russlanddeutsche mit Russlanddeutschen und so weiter.

D: Du meinst, es ist so ähnlich wie bei den Königen. Verstanden haben sie schon, dass Jesus auch für die Hirten und Armen da war, aber eigentlich wollten sie lieber unter sich bleiben und mit anderen Königen verhandeln.

E: Ich weiß nicht genau, aber sein könnte es doch schon, oder?

D: Du meinst, man bleibt lieber unter sich und tut da gute Sachen. Ist auch nicht schlecht. Aber was bringt dann eigentlich Weihnachten?

SZENE 5

Personen:
Lea, Engel

Ort:
Altarraum
oder Bühne

Lea trifft auf die Engel.

Lea: Aber ihr Engel, ihr kommt schon nach Bethlehem, oder? Sonst ist es ja gar nicht weihnachtlich heute.
E1: Ach ja, kurz vorbeikommen werden wir wohl schon.
E2: Obwohl, eigentlich interessiert es ja kaum jemanden, was wir sagen.
E3: Wir haben schon überlegt, ob wir mal ein Jahr streiken. Ob das überhaupt jemand bemerken würde?
Lea: Na, und ob! Engel gehören doch zu Weihnachten! Ohne euch – das kann ich mir gar nicht vorstellen.
E3: Genau das ist es: Wir sollen immer da sein an Weihnachten, weil es sich so gehört. Aber was wir zu sagen haben, das interessiert doch keinen mehr so richtig.
Lea: Das stimmt doch gar nicht.
E1: Doch Lea, das stimmt schon. Die Menschen wollen immer nur das hören, was sie schon kennen: „Ehre sei Gott in der Höhe und Friede den Menschen" an Weihnachten. Und an Ostern „Jesus ist nicht mehr im Grab: Er ist auferstanden".
E2: Was wir sonst zu sagen haben, das ganze Jahr über, da hören sie gar nicht richtig hin! Überall werden in der Weihnachtszeit Engel aus Holz und Glas und Glitzerzeug aufgehängt – und nach Weihnachten werden sie wieder verpackt. Manchmal fühlen wir uns auch so: Verpackt – und wenn man uns für die Stimmung braucht, werden wir ausgepackt.
Lea: Hören wir Menschen euch wirklich so wenig zu? Aber zumindest die Hirten und die Könige …
E3: Die hören doch auch nicht mehr richtig hin.
Lea: Stellt euch vor, die wollen dieses Jahr gar nicht kommen!
E1: Dann gehen wir auch nicht hin. Für den leeren Stall singen – das ist doch etwas übertrieben!

Engel treten in den Hintergrund, bleiben aber, wie auch die Hirten und Könige, sichtbar. Lea steht ratlos im Altarraum.

SZENE 6

Personen:
F, G

Ort:
Bühne

F: Ehrlich gesagt, ich habe mir das noch nie so überlegt, ob vielleicht die Engel während des Jahres auch etwas zu mir sagen oder wie das gehen soll. Irgendwie ist es mir auch ein bisschen peinlich, über meinen Glauben zu reden.
G: Bist du da schon verspottet worden?
F: Ja, manchmal schon. In der Schule, im Reli-Unterricht zum Beispiel,

da lachen manche, wenn man sagt, dass der Glauben wichtig ist für einen. Die grinsen ja schon blöd, wenn sie merken, dass man die biblischen Geschichten kennt. Da hebe ich mir den Glauben eben für die Kirche auf und für die Feiertage. An Weihnachten gehen so viele Leute in die Kirche, da ist das nicht peinlich, wenn man gesehen wird.

G: Und sonst in deinem Leben?

F: Ich denke, das läuft so nebenher mit dem Glauben und der Kirche. Man wird getauft, konfirmiert, geht an Festen mal in den Gottesdienst, heiratet in der Kirche und denkt sonst nicht furchtbar viel drüber nach. Ich finde es schon irgendwie wichtig. Aber ehrlich gesagt, dann auch so, wie die Engel gesagt haben: Ich freue mich, wenn sie die Dinge sagen, die ich schon kenne. Wie ist das denn bei dir?

G: Ich erlebe es gerade umgekehrt. Ich traue mich schon zu sagen, dass ich Kirche und so wichtig finde. Ich denke viel über die Dinge nach, die in der Bibel stehen, und über das, was Jesus gesagt hat.

F: Na, ist doch super. Dann müssen die Engel gar nicht so frustriert sein.

G: Ja, aber mir hört auch keiner zu, wenn ich Fragen habe! Wenn ich meinen Vater frage, warum in der Politik oft Entscheidungen getroffen werden, die Menschen schaden, obwohl so viele Leute im Land Christen sind, sagt er: Warte mal, bis du erwachsen bist. Dann siehst du das auch anders. Wenn ich meine Oma frage, warum Gott so viel Leid zulässt, sagt sie: Der Gerechte muss viel leiden. Und wenn ich den Pfarrer frage, warum in unserem Glaubensbekenntnis Dinge stehen, die ich nicht glaube, sagt er, dass das eine interessante Frage sei, die man nur aus der Kirchengeschichte beantworten könne!

F: Da haben die Engel wohl doch Recht: Es ist ein ziemlich großer Aufwand, für ein paar bekannte Sätze jedes Jahr nach Bethlehem zu kommen.

SZENE 7

Personen:
Maria, Josef, Lea

Ort:
Altarraum

M: Was ist heute nur los? Die müssten doch längst da sein!

J: Wir wollen doch Weihnachten feiern, wie jedes Jahr. Wo bleiben denn nur die Hirten, die Könige und die Engel? Ohne sie alle kann es doch hier bei uns im Stall nicht Weihnachten werden.

Lea kommt in den Stall.

Lea: Hallo, Maria und Josef, ich muss unbedingt mit euch reden!

J: Was ist denn los?

Lea: Stellt euch vor, die wollen alle nicht kommen. Sie meinen, das sei doch nicht nötig! Wir wissen ja sowieso alle, was an Weihnachten war, da müssten sie doch nicht extra nach Bethlehem kommen, bloß um alle Menschen daran zu erinnern.

M: Wer sagt das?

Lea: Die Hirten sagen: Man kann sich doch auch einfach so helfen, dazu muss man nicht an Weihnachten das Jesuskind sehen.
Die Könige sagen: Sie erledigen so wichtige Dinge im Auftrag von Jesus, da wollen sie nicht hierher kommen und sich den Auftrag noch mal anhören.
Die Engel sagen: Die Menschen hören ja gar nicht richtig zu. Und wenn die anderen nicht kommen, für wen sollten sie dann singen?

J: Komm, wir wollen mit ihnen sprechen. Vielleicht hilft es, wenn wir ein bisschen erzählen, was wir von Jesus gelernt haben.

M: Kommt doch mal her. Wir möchten gerne mit euch reden!

Zögerlich kommen die Hirten, Könige und Engel ein bisschen näher. H1, E1, K1 stellen sich zu Maria und Josef.

SZENE 8

Personen:
Maria, Josef, H1, E1, K1, Lea, Tanzgruppe

Ort:
Altarraum/ Kirchenraum

M: Wir haben schon auf euch gewartet. Schließlich treffen wir uns doch an jedem Weihnachten hier im Stall an der Krippe, in der unser kleiner Jesus gelegen hat.

J: Lea hat erzählt, dass ihr nicht kommen wolltet. Warum das denn? Jesus freut sich doch immer, wenn wir Weihnachten feiern.

H1: Ach, eigentlich hat sich ja nicht viel für uns Hirten verändert seit damals. Obwohl Jesus gelebt hat, will keiner mit uns zu tun haben. Wir versuchen halt untereinander nett zu sein. Das geht aber auch ohne Weihnachten. Da müssen wir keine Könige und Engel treffen.

K1: Wir finden das auch zu aufwändig, jedes Jahr extra hierher zu kommen. Jesus hat uns damals einen Auftrag gegeben. Wir versuchen, andere Könige, Staatsoberhäupter und wichtige Kirchenleute zu treffen. Das kann man besser, wenn man nicht mittendrin nach Bethlehem reist.

E1: Und wir haben das Gefühl, unsere Botschaft will niemand so recht hören. Alle wollen nur, dass wir da sind, aber das reicht dann schon. Das macht keinen großen Spaß.

Lea: Ja, und ich finde es gemein, dass die mir einfach mein Weihnachten klauen wollen. Ich finde nämlich Weihnachten schön und wichtig!

M: Wisst ihr, ihr seid ja nicht die Einzigen, die so denken. Uns ging es mit Jesus oft ganz ähnlich.

E1: Euch? Ihr seid doch seine Eltern!

J: Als Jesus zum Beispiel mit 12 Jahren einfach fortgelaufen ist, weil er mit den Priestern im Tempel sprechen wollte, da haben wir uns auch gedacht: Es reicht doch, dass er Gottes Kind ist. Muss er auch noch mit den Priestern sprechen und ihnen Dinge erklären?

E1: Wollte er auch mit anderen über den Glauben und Gottes Botschaft sprechen, so wie wir Engel?

M: Ja, genau. Oder als er mich einmal fortgeschickt hat, als ich ihn auf einer seiner vielen Reisen treffen wollte. Er sagte, seine Familie sei nicht so wichtig. Da war ich sehr gekränkt.

K1: Er wollte sich also auch nicht unterbrechen lassen bei seiner Arbeit, wie wir Könige?

J: So ähnlich. Oder wie er dauernd gegen die Gesetze unserer Glaubensgemeinschaft verstoßen hat. Ich habe mich oft gefragt: Muss der Junge unbedingt am Sabbat heilen?

H1: Es war ihm also auch wichtig, anderen zu helfen, wenn sie es brauchen, ohne große Worte vorher, wie wir Hirten es tun?

H1, E1, K1: Dann kann Jesus uns sicher verstehen. Wir wollen nicht jedes Jahr nach Bethlehem kommen!

J: Nein, das glaube ich nicht.

H1: Aber du hast doch gerade selbst gesagt …

M: Wir haben von Jesus aber noch mehr gelernt. Man kann sich vom Glauben nicht bloß einen Teil rauspicken, der einem ganz besonders gut gefällt, und dann sagen: Das hätte Jesus auch so gemacht. Man muss ihn ganz nehmen.

J: Diese Teile von Jesus und von unserem Glauben gehören zusammen: Für andere da sein, schauen, wo man in der Welt etwas verändern kann und auf Gottes Botschaft hören. Und damit diese Teile immer wieder zusammen kommen, ist es wichtig, dass wir alle uns immer wieder treffen, zum Beispiel hier in Bethlehem.

E1: Müssen wir alle dann immer alles machen? Die Könige auch von Gott singen, die Engel den Hirten helfen und die Hirten mit den anderen Königen und Bischöfen verhandeln? Das wird schwierig!

M: Nein, es muss nicht jeder alles machen. Aber es ist wichtig, dass man weiß, dass der eigene Teil etwas mit den anderen zu tun hat. So ähnlich wie in einem Orchester. Da spielt auch jeder nur sein Instrument, aber alle zusammen ergeben erst das große Musikstück. Oder wie bei einem Tanz, wo jeder Einzelne sich bewegt, es aber besonders schön ist, wenn man alle zusammen anschaut.

Tanz der Engel oder Tanzkinder. Nach dem Tanz versammeln sich alle um die Krippe herum und finden ihren Platz im Stall (s. Anhang).

SZENE 9

Personen:
Sprecher A, E, F, Lea

Ort:
Bühne

A: Da drüben sieht es nun wieder richtig weihnachtlich aus.

E: Irgendwie ist es halt doch schön, wenn man an Weihnachten an diese alte Geschichte erinnert wird, oder?

F: Trotzdem frage ich mich schon, ob das bei uns auch so ist, dass alle Teile des Glaubens zusammengehören. Für mich wäre es ziemlich schwer, Briefe an Regierungen zu schicken oder so.

A: Ich rede nicht so gerne öffentlich über meinen Glauben. Das ist mir zu privat.

E: Mir fällt es schwer, mal schnell jemandem zu helfen, den ich nicht kenne.

Lea: Wenn ich Maria und Josef richtig verstanden habe, ist es ja bis heute so, dass nicht jeder alles tun muss. Wir sollen nur nicht vergessen, dass die verschiedenen Dinge zusammengehören und uns Jesus alle gezeigt hat: das Helfen im Kleinen, die Verantwortung für die ganze Welt und die Gedanken über den Glauben.

A: Dann hilft Weihnachten also, uns daran zu erinnern, dass ein Leben, wie Jesus uns es gezeigt hat, ganz verschieden sein kann.

E: Ja, und es erinnert uns auch daran, dass keine Form besser oder schlechter ist.

F: Und daran, dass wir als Menschen wie in einem Orchester mit unserer eigenen Lebensform wichtig sind. Wir können es nur alle zusammen schaffen, so zu leben, wie Gott es will.

Lea: Ich finde, das ist richtig schwierig zu verstehen. Gut, dass jedes Jahr wieder Weihnachten ist. So können wir uns immer daran erinnern. Und – ich bin froh, dass nun doch alle gekommen sind!

Wie es weitergehen kann

In diesem Weihnachtsspiel geht es um zwei thematische Schwerpunkte: Zum einen um die Frage, inwieweit für unseren Glauben das Begehen des Weihnachtsfestes notwendig oder nützlich ist, zum anderen um die häufig daraus entstehende Frage, welche Dimension gelebten Glaubens die wichtigste, richtige ist.
Da häufig die Zusammenschau dieser Formen fehlt bzw. Gemeinden eine bestimmte Prägung haben, sollen hier die anderen Formen als gleichwer-

tige Teile angesprochen werden, ohne daraus den Druck entstehen zu lassen, alles tun zu müssen. In der Weiterführung kann zum Beispiel der eigene Gemeindeschwerpunkt (Hilfe für Schwächere, Selbsthilfegruppen, ökologisches Engagement, missionarische Schwerpunkte) mit dem Weihnachtsgeschehen in Verbindung gebracht werden.

Möglichkeiten und Hilfen

Keine geeignete Lea-Darstellerin
Die Rolle der Lea, die natürlich je nach Darstellerin auch anders heißen kann, ist relativ tragend, aber dennoch eine Kinderrolle. Findet sich kein Kind, das den inhaltlichen Faden vermitteln kann, kann die Rolle auch auf drei oder vier Kinder (Szene 1, 3, 5, 7, 8) aufgeteilt werden. Nur im Notfall sollte Lea von einem älteren Jugendlichen dargestellt werden.

Tanzgruppe
Der Tanz soll optisch die Bedeutung des Einzelnen und seine Rolle im Ganzen vermitteln. Deshalb ist es nicht unbedingt nötig (aber natürlich möglich), dass diesen Tanz Krippendarsteller übernehmen. Sinnvoll ist ein einheitliches Erscheinungsbild, es kann also eine eigene Tanzgruppe aus Kindern gebildet werden. Diese Aussagen kann auch durch Pantomime verdeutlicht werden.

Musikalische Ausgestaltung
In Szene 8 beschreibt Maria die Aussage des Tanzes auch mit dem Bild des Orchesters. Gibt es eine Musikgruppe in der Gemeinde, kann sie ein gemeinsames weihnachtliches Musikstück aufführen.

Zu wenige oder zu viele Sprecher
Die Sprechrollen können auch mit insgesamt drei Personen bestritten werden. Die Sprechteile in Szene 9 könnten auch zusätzliche Sprecher übernehmen. Die Texte von H1–H3, K1–K3 und E1–E3 können auf mehrere Kinder verteilt werden.

„… und die Klarheit des Herrn umstrahlte sie."

(In den Weihnachtsgottesdiensten treffen sich Christen, die sich gemeinsam um ein gerechtes und geschütztes Leben für möglichst viele Menschen bemühen. Oft gelingt dies nicht. Warum wählte Gott dann den komplizierten Weg über ein kleines Kind zu uns und hat nicht direkt in das Weltgeschehen eingegriffen?)

Angaben zum Stück

Mitwirkende Personen:

sprechend und spielend
- 2 Hirten (mittlerer und kleiner Textanteil) (H und kleiner Hirte)
- 2 Könige (mittlere Textanteile) (K1, K2)
- 2 Engel (mittlerer und kleiner Textanteil)
- Maria und Josef (kleine Textanteile) (M, J)

spielend
- Engel
- Hirten
- König(e)

sprechend
- Sprecher S1–S3 (große Textanteile/Moderation)
- Sprecher A–K (mittlere Textanteile)
- Sprecher S4–S6 (lyrische Texte)

tanzend
- Könige und kleine Hirten

singend
- Gruppe der Krippendarsteller

Kostüme: Krippenleute: siehe Anhang

Aufführungsdauer: 35–40 Minuten

Szene	Personen/ Ort	Inhalt/ Grundaussagen	Darstellungsformen
1	S1–S3 Kanzel	Christen wollen, dass möglichst viele Menschen gut leben können. Es gelingt nicht immer. Hätte Gott nicht besser direkt ins Weltgeschehen eingegriffen und nicht den Umweg über ein kleines Kind gewählt?	• Gespräch/ Auslegung
2	A, D, H Bühne	Konkrete Anlässe für sein Kommen: Menschen, die nur unter sich lebten, abgeschlossene Glaubensgemeinschaften, strenge Gesetze.	• Gespräch
3	S1–S3 Kanzel	Brauchen die Menschen einen langen Weg, um zu Gott zu kommen? Wie verhält es sich mit Weg und Ziel?	• Gespräch/ Auslegung
4	alle Krippendarsteller Kirchenraum, Altarraum	Die Menschen, die damals in Bethlehem dabei waren, können uns vielleicht weiterhelfen.	• Einzug mit Musik
5	A–C, sprechende Hirten, S2, evtl. Gesangsgruppe Bühne, Kanzel	Es wäre schön, wenn man manches ohne langes Arbeiten oder Üben erreichen könnte! Das Leben der Hirten hat sich nach der Begegnung mit Jesus auch nur schrittweise geändert.	• Gespräch • darstellendes Spiel • Auslegung • Lied
6	D–G, K1, K2, K3, S1, S4 Bühne, Kanzel, Kirchenraum	Was ist, wenn man gar nicht weiß, ob man das Ziel erreichen möchte? Manches sieht von außen ganz anders aus, als wenn man es genauer kennen lernt.	• Gespräch • darstellendes Spiel • lyrischer Text
7	S2, S3, Maria, Josef, S5 Kanzel, Bühne, Kirchenraum	Sind alle Mittel erlaubt, wenn man ein Ziel erreichen möchte? Es ist wichtig, gleichzeitig an kleine Schritte und an große Ziele zu denken.	• Gespräch • darstellendes Spiel • lyrischer Text
8	H, I, K, sprechende Engel, weitere Engel, Tanzgruppe Empore, Kirchenraum, Bühne	Ist Weihnachten nicht noch mehr als die Schritte auf das große Ziel zu? Kann das nicht nur mit Gottes Nähe gelingen?	• Gespräch • darstellendes Spiel • Tanz
9	S1, S6 Kanzel, Kirchenraum	Die Verbindung zu Gott ist allen Menschen gemeinsam und wird an Weihnachten besonders spürbar.	• Gespräch/ Moderation • lyrischer Text

SZENE 1

Personen:
S1–S3

Ort:
Kanzel

S1: An Weihnachten treffen sich Christen zum Gottesdienst. Christen, das sind alle Menschen, die an Gott und Jesus glauben, Menschen, die glauben, dass Gottes guter Geist immer in unserer Nähe ist. Wir feiern, dass Jesus als Mensch zu uns gekommen ist. Wir feiern in der Erinnerung an die Geburt eines kleines Kindes.

S2: Aber an Weihnachten stellt sich auch die Frage, was denn Christen und Christinnen während des Jahres verbindet. Eigentlich wissen wir es ja: Wir Christen bemühen uns, das Leben so zu gestalten, dass alle zu ihrem Recht kommen, dass Leben geschützt und nicht bedroht oder gar vernichtet wird, dass Frieden in allen Lebensbereichen sein kann. Frieden zwischen den Menschen und Frieden zwischen Gott und Menschen.

Als Christen wissen wir jedoch auch, dass das oft nicht gelingt. Es gibt Ungerechtigkeiten, es gibt Auseinandersetzungen, unversöhnlich Zerstrittene, es gibt Krieg, Kummer, Angst und Sorge. Es gibt das Gefühl, von Gott und den Menschen verlassen zu sein. Es gibt Verletzungen, die man nicht verzeihen kann, und Kränkungen, die ganz tief unser Selbstwertgefühl verletzt haben.

Wir wissen, dass es nicht so sein sollte – und sind oft recht ratlos, wie es anders gehen könnte. Weihnachten heißt aber auch, dass Gott genau dies auch weiß. Er weiß, dass unser Leben oft nicht so gelingt, wie es sein sollte.

S3: Ich frage mich aber schon, warum Gott dann genau diesen Weg zu uns gewählt hat: den Weg über Jesus, der uns als ganz normaler Mensch zwar viel zeigen, erklären und vorleben konnte. Wäre es aber nicht sinnvoller gewesen, er hätte einen anderen Weg gewählt, um den Menschen direkt und schnell zu zeigen, wie er will, dass wir zusammenleben – oder um gleich selbst eingreifen zu können?

S1: Wie stellst du dir denn das vor?

S3: Jesus als einflussreicher Politiker hätte vielleicht verhindern können, dass es überhaupt Kriege gibt. Wenn er nicht erst erwachsen werden hätte müssen, hätte er vermutlich schneller anderen helfen können. Wenn er reich gewesen wäre, vielleicht hätte er dann veranlassen können, dass die Güter auf der Welt gerechter verteilt werden? Oder als Arzt ganz vielen Kranken helfen? Als Wissenschaftler hätte er vielleicht gleich ganz tolle Sachen erfinden können und als Papst sicher vieles verhindern, was in den Kirchen nicht so gut lief.

So als Zimmermann und Wanderprediger war das doch echt mühsam! Und schau – bis heute schaffen wir es nicht, das zu tun, was Jesus wollte.

S1: Du meinst also, wenn Gott einen anderen Weg gewählt hätte, zu uns zu kommen, hätte er seine Wünsche für das Leben der Menschen schneller durchgesetzt? Wenn er nicht mühevoll Kleinarbeit hätte leisten müssen, sondern gleich die Welt so verändern hätte können, dass es für alle gut ist, dann wäre es für Menschen und Gott besser gewesen?

S3: Ich weiß es nicht so genau, aber ich überlege mir das schon. Und es wäre weniger mühevoll.

S2: Stopp! Schließlich gab es ja einen Anlass, dass Jesus genau so zu uns kam. Genau genommen, sogar eine ganze Menge Anlässe!

SZENE 2

Personen:
A, D, H

Ort:
Bühne

A: Es gab Menschen, die sehr viel besaßen, und andere, die fast nichts hatten. Ich meine nicht nur die ganz Reichen und die Bettler, auch die vielen Menschen, die so dazwischen lebten und oft nur gerade genug zum Überleben hatten. Oft lebten sie wie die Hirten damals. Sie waren nur noch unter sich, weil andere nichts mit ihnen zu tun haben wollten. Gott wollte zu diesen Menschen kommen.

D: Es gab Menschen, die in anderen Ländern wohnten und an andere Gottheiten glaubten. Sie haben das Leben der Juden von außen beobachtet, manches gut, manches schlecht gefunden. Gott wollte zeigen, dass christliches Leben für alle Menschen möglich sein sollte und er nicht nur für ein auserwähltes Volk da ist.

H: Das Zusammenleben und die religiösen Gesetze der Juden waren geregelt. Sie wussten, wie sie sich nach den Geboten Gottes zu verhalten hatten. Gott wollte zeigen: An mich glauben ist mehr als Gesetze. Gott ist ganz anders als die Menschen und ihnen trotzdem so nahe.

SZENE 3

Personen:
S1–S3

Ort:
Kanzel

S3: Das gibt es ja auch heute noch! Menschen, die nur noch unter sich sind, weil niemand mit ihnen zu tun haben will. Oft sprechen sie eine eigene Sprache oder haben eigene Regeln – und niemand will in ihrer Nähe leben. Und auch heute gibt es einfach arme Menschen.

S1: Auch heute noch fällt es uns Christen schwer zu akzeptieren, dass Menschen einen anderen Glauben leben. Dass Gott auch für sie da ist, auch wenn sie sich nicht verändern – ganz schön schwer zu glauben. Ja, und auch wir können oft nicht so deutlich spüren, dass wir ganz tief mit Gott verbunden sind. Im Alltag vergisst man das einfach oft.

Brauchen wir also heute ganz genauso wie vor 2000 Jahren diesen ganz kleinen Jesus, damit wir uns mit ihm auf den Weg machen können?

S2: Ein langer Weg zum Ziel kann sinnvoller sein als ein direkter. Manche Dinge brauchen eben Zeit. Es gibt Bäume, die erst nach einigen Jahren Früchte tragen. Die meisten wirklich wichtigen Dinge sind nicht ohne Mühe zu haben. Ich denke, dass das nicht nur den Grund hat, dass man es erst dann richtig schätzen kann.
Ich glaube, das geht viel tiefer: Wenn man einen mühevollen, langen Weg braucht, um ein Ziel zu erreichen, dann hat man eine ganz enge Beziehung zu diesem Ziel, dann wird es zu einem Stück von einem selbst. Wenn wir ganz mühsam versuchen, christlich unseren Alltag zu gestalten, dann wird Gottes Reich ein Teil von uns selbst. Wir sind tief in uns drinnen mit Gott und Jesus und unseren eigenen göttlichen Anteilen verbunden.

S3: Mich interessiert aber trotzdem: Ist der lange Weg wirklich nötig – und vor allem: Führt er uns zu unserem Ziel? Ich finde, wir sollten dazu ein paar Experten befragen!

S1: Experten???

S3: Wir fragen die, die damals dabei waren: Maria, Josef, die Hirten, die weisen Könige aus den fremden Ländern! Und wir können in der Bibel lesen, was dort Leute aufgeschrieben haben, die Jesus kannten.

S3: Oh ja, dann holen wir jetzt die Krippenleute zu uns in die (…-)Kirche *(Name der Kirche einsetzen),* damit es richtig Weihnachten werden kann!

SZENE 4

Personen:
alle Krippendarsteller

Ort:
Kirchenraum und Altarraum

Einzug von Maria, Josef, Hirten, Königinnen zu festlicher Musik. Voneweg wird die große Futterkrippe getragen.

SZENE 5

Personen:
A–C, sprechende Hirten H und kleiner Hirte, weitere Hirten, S2

Ort:
Bühne, Kanzel

A: Wie haben die das gemeint mit dem Weg?
B: So ganz klar ist mir das auch noch nicht. Es wäre doch viel praktischer, wenn man ganz schnell ans Ziel gelangen könnte.
C: Ich hätte auch nichts dagegen, wenn ich keine Englischvokabeln lernen müsste, sondern gleich alles könnte!
A: Ja, oder dann plötzlich einen Beruf hätte, in dem ich ganz toll bin, ohne alles erst lernen zu müssen.
C: Oder gleich viel Geld haben ohne Arbeit!
B: Gute Noten ohne Lernen, schwere Musikstücke ohne Üben – das wäre doch super!
C: Ja, auch bei den Erwachsenen: Meine Eltern hätten bestimmt nichts dagegen, wenn sich die Hausarbeit von alleine erledigen würde oder sie nie mehr Überstunden in der Arbeit machen müssten.
A: Klappt ja leider nicht. Vielleicht hatten die Hirten damals auch so ähnliche Vorstellungen. Sie waren ja wirklich arm. Bestimmt haben sie gehofft, dass sich das mit Jesus ganz schnell ändert!
B: Kommt, lasst uns doch die Hirten fragen. Heute sind sie ja zum Glück hier. Ihr Hirten, kommt doch mal her zu uns!

Hirten kommen zum Mikrophon.

B: Euer Leben hat sich bestimmt total geändert, nachdem ihr Jesus begegnet seid, oder?
H: Ja natürlich! Was denkt ihr denn! Wenn man Gott selbst begegnet, verändert das alles. Nie mehr haben wir Hirten vergessen, dass Jesus gerade für uns Arme da ist, für uns, die sonst keiner leiden kann.
A: Moment mal. Du sagst da „für uns Arme". Ich denke, euer Leben hat sich geändert, nachdem ihr in Bethlehem gewesen seid?
H: Geändert schon. Aber reich waren wir deshalb auch nicht. Ein bisschen mehr Geld haben wir verdient. Manche Menschen dachten, dass es Gott bestimmt nicht recht wäre, dass sie uns wenig bezahlen für die Wolle und den Käse. Sie hatten schon mehr Respekt vor uns, weil wir zuerst Gottes Kind sehen durften. Und sie haben uns nicht dauernd so schlimm beschimpft und beleidigt.
C: Nicht so schlimm beschimpft und beleidigt? Heißt das, ihr habt trotzdem nicht richtig dazugehört in der Stadt? Haben die euch weiter ausgeschlossen?
H: Wir Hirten waren trotzdem immer unter uns und haben vor der Stadt draußen auf den Feldern gelebt. Aber ein bisschen freundlicher waren manche Frauen und Männer zu uns.

Kleiner Hirte: Manchmal haben die Kinder aus der Stadt mit uns Hirtenkindern gespielt.

B: Also, hört mal. Da hat die Begegnung mit Jesus wohl nicht wirklich viel gebracht! Ich habe mir vorgestellt, dass sich da dann wirklich *alles* für euch verändert hat, dass ihr reich geworden seid, dass euch alle gemocht haben, dass ihr berühmt geworden seid. Aber so?

H: Weißt du, bevor wir das Jesuskind gesehen hatten, hatten wir auch manchmal solche Vorstellungen. Wir haben gedacht, wenn ein neuer König käme, der ganz gerecht wäre, dann würde sich alles ändern und unser Leben wäre plötzlich ganz einfach. So ein König, der könnte doch alles anordnen, dachten wir.
Von Jesus haben wir gelernt, dass man Gerechtigkeit und Zusammenhalt nicht anordnen kann. Das muss langsam wachsen. Er hat uns daran erinnert. Seitdem können wir uns wirklich über kleine Fortschritte freuen.

Hirten gehen zurück.

S2: In der Bibel wird immer wieder berichtet, wie sich Jesus um Menschen gekümmert hat, die niemand haben wollte. In keiner dieser Geschichten geht es aber durch Jesus plötzlich allen Menschen für immer gut. Trotz Jesus gab es weiter Kranke, denen er nicht begegnete, wurden weiterhin Menschen aus der Gemeinschaft ausgeschlossen. Entscheidend aber ist, dass Jesus mit seinem Handeln deutlich gemacht hat, wie wir uns verhalten sollen, damit Gottes Reich unter uns verwirklicht werden kann. Er hat uns deutlich den Weg gezeigt, den wir gehen sollen.

C: Also nichts mit nie mehr Englisch lernen …

B: Eigentlich geht es ja gar nicht um die Mühe und die Anstrengung, sondern darum, dass wir damit auf dem Weg sind zu etwas, das wichtig für uns ist.

A: Das kann für jeden unterschiedlich sein: vielleicht etwas für die Schule können, vielleicht aber auch lernen, nett zu jemandem zu sein, den man nicht so mag, vielleicht lernen, dass man nicht neidisch ist, wenn andere mehr dürfen als man selbst.

C: Ich glaube, dass jeder so etwas hat, das er gerne lernen würde, auch wenn es schwer fällt. Jeder von uns möchte doch gerne, dass Gottes Reich unter uns ein Stückchen wachsen kann.

Lied der Hirten/Krippendarsteller.

SZENE 6

Personen:
D–G, sprechende Könige K1, K2 und nur darstellender König, S1, S4

Ort:
Bühne, Kanzel, Kirchenraum

D: Na ja, das verstehe ich schon, das mit dem langen Weg. Aber was ist, wenn man nicht so recht weiß, ob man wirklich zu dem Ziel kommen will?

E: Ja, ich weiß oft nicht so genau, ob ich etwas wirklich will. Mal sieht es verlockend aus, mal wieder langweilig. Ich fühle mich dann richtig hin- und hergerissen.

F: Was ich schon alles ausprobiert habe! Eishockey, Fußball, Tennis, Karate ... Anfangs fand ich alles toll, aber im Lauf der Zeit war es mir dann oft langweilig.

G: Das kenne ich auch! Die ersten Englischstunden fand ich super. Aber dann, wenn man sich daran gewöhnt hat und halt einfach lernen muss – da weiß man oft gar nicht mehr, warum man das macht.

E: Die meisten Dinge sehen von außen ganz anders aus, als wenn man dann drinsteckt! Ich wollte mal gerne zu einer bestimmten Clique gehören. Als ich dabei war, fand ich aber das meiste blöd, was die machen.

F: Meine Eltern sagen immer, dass ich mir vorher genau überlegen soll, ob ich etwas Neues anfange. Es gab ziemlichen Ärger, als ich erst neue Fußballschuhe bekommen hatte und dann nicht mehr zum Training gegangen bin.

D: Da haben sie ja nicht unrecht, deine Eltern. Trotzdem, manches kann man erst später entscheiden.

G: Mir fallen da die Könige ein, die hier bei der Krippe sitzen. Sie kamen aus anderen Ländern und kannten den Glauben der Juden nicht. Sie waren ja auch ganz begeistert von Jesus, dem neugeborenen König. Ob diese Begeisterung angehalten hat? Lasst uns sie fragen. Ihr Könige, kommt doch mal bitte zu uns herüber!

Könige kommen auf die Bühne.

G: Erzählt uns doch mal, ob eure Begeisterung für das Jesuskind auch angehalten hat, als ihr wieder in euren Heimatländern wart.

K1: Natürlich ist das nicht mit Sport zu vergleichen. Aber ich fand das sehr interessant, was ihr da erzählt habt. In meinem Land war es üblich, dass Leute sich für etwas entscheiden mussten. Ich als König habe das verlangt. Ich hatte damals sehr wenig Verständnis dafür, wenn zum Beispiel jemand seinen Beruf wechseln wollte. Heute sehe ich das ein bisschen anders.

E: Wieso denn das? Hat das was mit Jesus zu tun?

K1: Ja, denn von Jesus habe ich gelernt, dass man manches erst später entscheiden kann. Und auch, dass es nichts Schlimmes ist, wenn man sich irrt.

K2: Schau, wir haben uns doch auch ein bisschen geirrt. Wir wollten einen König suchen, einen reichen Königssohn in einem Palast, und fanden ein Kind in einem Stall. Wollten wir da wirklich hin, haben wir uns gefragt? Oder haben wir uns verirrt?

F: Wie war das denn dann? Hattet ihr, nachdem ihr Jesus begegnet seid, das Gefühl, dass das euer ganz großes Lebensziel war? Ich stelle mir vor, dass ihr sehr glücklich gewesen sein müsst.

K2: Als wir wieder auf dem Heimweg waren, war mir leicht ums Herz. Von Jesus hatte ich gelernt, dass man sich nicht immer sofort absolut sicher sein muss. Er liebt uns schon, ohne dass wir etwas davon ahnen. Obwohl ich vorher dachte, wir hätten uns verirrt, merkte ich, dass wir doch das richtige Ziel erreicht hatten.

D: Bist du immer noch so begeistert von Jesus?

K1: Oh ja! Ich musste den Glauben an Gott und Jesus ja erst noch kennen lernen. Das hat schon eine Zeit gedauert. Aber seit Bethlehem weiß ich auch, dass es nichts Schlimmes ist, wenn man für etwas ein bisschen länger braucht.

Könige gehen zurück.

S1: Dinge von innen und außen kennen zu lernen, scheint auch in unserem Glauben wichtig. Die Bibel berichtet, dass die Könige, nachdem sie Jesus gesehen hatten, zurück in ihre Länder reisten. Wir wissen nicht, ob sie sich noch lange an Jesus erinnerten oder ob sie schnell vergaßen, was sie da erlebt hatten. Aber wir können lernen, wie wichtig es ist, Respekt voreinander zu haben und uns die Zeit zu nehmen, die wir brauchen, um wichtige Entscheidungen zu fällen. Oft verlieren wir das Ziel aus den Augen. Wir wissen nicht mehr, was wir eigentlich gesucht haben. Weihnachten hilft dabei, sich an eigene Lebensziele zu erinnern.

S4 *(mit leiser Musik untermalt)*:

Das Ziel

Ich sehe es
so deutlich vor mir,
das, was sein soll.
das, was ich will.

Ich weiß, wie es sein wird.
Und doch –
Plötzlich ist es unendlich weit entfernt.

Auf dem Weg dorthin
verliere ich mein Ziel aus den Augen.
Was mir richtig erschien,
verliert an Bedeutung.
Ich weiß nicht mehr, warum ich dort unterwegs bin.

Dann frage ich mich:
Licht von Bethlehem, wo bist du?
Stern von Bethlehem, scheine hell,
damit ich wieder erkennen kann,
wohin mein Weg führt.
Licht von Bethlehem,
lass Weg und Ziel wieder eins werden.

SZENE 7

Personen:
S2, S3, Maria, Josef, S5

Ort:
Kanzel, Bühne, Kirchenraum

S2: Wie sieht das nun aus mit Weg und Ziel? Die Hirten haben gelernt, viele kleine Schritte zu machen und nicht immer gleich zu erwarten, dass sich alles ändert. Die Könige haben berichtet, dass es wichtig ist, große Ziele zu verfolgen. Was stimmt nun? Ist das nicht ein Widerspruch?

S3: Es stellt sich wirklich die Frage: Sind alle Mittel erlaubt, damit wir ans Ziel kommen? Dürfen Menschen alles tun, wenn sie es dafür tun, dass es am Ende allen besser geht? War das nicht oft in der Geschichte ein Argument, mit dem Kriege und menschenverachtende Dinge gerechtfertigt wurden? Auch bei uns werden doch viele Dinge damit entschuldigt, dass es schließlich um eine gute Sache geht. Das beginnt bei Sätzen wie „… aber sie meint es doch nur gut!" und endet bei der Rechtfertigung von Betrug. Nur das Ziel vor Augen? Das kann ganz schön gefährlich werden!

S2: Andersherum funktioniert es aber auch nicht! Wenn man immer nur auf die kleinen Schritte achtet, ändert sich im Großen nur wenig. Wenn wir alle uns bemühen, mit unseren Mitmenschen Frieden zu halten, ist es gut und bestimmt ein Schritt in die richtige Richtung. Aber ob das allein ausreicht, die Welt zu verändern?

Maria und Josef kommen herbei.

M: Jetzt müssen wir uns aber in euer Gespräch einmischen! Ich kenne das auch so gut! Als ich noch ein kleines Mädchen war, da wurde mir immer gesagt: „Kinder, streitet nicht! Wenn *ihr* euch schon streitet, dann braucht ihr gar nicht über die Großen zu schimpfen, die

Kriege führen." Ich glaube, dass das heute auch noch oft gesagt wird.

J: Und ich wollte immer ein großer Politiker werden, damit ich endlich beeinflussen kann, dass die schlimmen Sachen alle aufhören. Aber dann kam Jesus.

M: Von Jesus haben wir gelernt, dass man beides machen muss. Die kleinen Schritte und die großen Sachen.

J: Jesus hat immer wieder gezeigt, dass beides zusammengehört. Er hat uns erklärt, dass er Gottes Sohn und auch ein ganz normaler Mensch ist.

M: Mit Gottes Reich ist es ganz genauso: Es ist ein ganz menschlicher Weg dorthin, deshalb müssen wir auch die vielen mühsamen Schritte tun. Und deshalb gelingen uns die Dinge nicht immer, die wir tun sollen. Daher streiten wir, sind böse oder gehen sorglos mit anderen um. Aber Gottes Reich ist eben auch etwas ganz anderes, etwas ganz Großes. Deshalb ist es wichtig, dass wir auch an die großen Dinge denken. Wir sollten uns immer wieder vorstellen, wie es sein könnte bei uns.

J: Jesus als Gott und Mensch gleichzeitig, das ist eine schwirige Vorstellung. Und weil man darüber immer wieder nachdenken muss, finde ich es gut, dass wir in jedem Jahr wieder Weihnachten feiern.

S5 *(mit leiser Musik unterlegt)*:

Gott und Mensch

Gott und Mensch,
ganz klein und doch
unfassbar groß.

Gott in mir
und Gott
um mich herum.

Gott im Suchen
und Gott
im Finden.

Gott als Mensch,
Gott in mir,
in meinen tiefsten Tiefen,
in meinen verborgenen Gedanken,
in meinem Tun.

Umfassender Gott,
Gott um mich herum,
unendlich in meiner eigenen
heiligen Unendlichkeit.

Gott und Mensch,
Weihnachtsgeheimnis
in mir.

SZENE 8

Personen:
H, I, K, sprechende Engel und kleiner Engel, weitere Engel, Tanzgruppe (Könige und Hirten)

Ort:
Empore, Kirchenraum, Bühne

H: Mir fehlt da aber noch etwas. Das ist ja schön und gut mit den kleinen Schritten und den großen Zielen.
I: Braucht man dazu wirklich Jesus? Das ist doch alles sehr menschlich, oder?
K: Aber wir sind doch Menschen!
I: Ich glaube aber, dass Weihnachten noch mehr bedeutet. Da ging es doch nicht nur um Dinge, die man tun oder lassen soll.
H: Manchmal habe ich so ein Gefühl, als wäre Gott plötzlich ganz nahe bei mir. Meistens passiert das dann, wenn ich gar nicht damit gerechnet habe. Irgendwie weiß ich in solchen Momenten, dass ein Teil von mir immer mit Gott verbunden ist.
I: Ich kenne das auch. Bei mir passiert es oft, wenn ich ganz festliche Dinge erlebe. Als meine kleine Cousine getauft wurde, zum Beispiel. Da habe ich auch gespürt, dass Gott ganz nahe ist. Ich habe mich fast heilig gefühlt.
K: Ich stelle mir vor, dass doch die Menschen damals in Bethlehem auch so etwas gefühlt haben. Da ist es doch durch Jesus sichtbar geworden, wie sehr Gott mit uns verbunden ist. Als die Engel den Hirten verkündet haben ... Moment, wo sind die denn überhaupt, die Engel?

Engel stehen auf der Empore.

E: Wir haben schon gedacht, ihr vergesst uns! Vor lauter Nachdenken über Schritte und Ziele habt ihr nicht gemerkt, dass wir noch unterwegs waren.
K: Kannst du uns weiterhelfen bei unseren Fragen? Wir möchten gerne wissen, ob Weihnachten mehr ist als nur das, was wir Menschen tun.
E: Es ist ganz wichtig, dass Menschen immer wieder zum Frieden beitragen. Das haben euch die Hirten erzählt. Und es ist wichtig, dass man voreinander Respekt hat und niemanden bedrängt, das haben

euch die Könige erzählt. Aber ihr habt schon Recht: Weihnachten bedeutet noch viel mehr! Gott ist wirklich schon ganz nahe bei euch! Das ist unsere Weihnachtsbotschaft! Das haben wir damals in Bethlehem verkündet und verkündigen es heute hier: Gott ist schon bei euch!

I: Dann spüren wir Gott also wirklich und bilden uns das nicht nur ein?

E: Das bildet ihr euch ganz bestimmt nicht ein! Nur merken es die Menschen nicht, weil sie oft zu beschäftigt sind, um auf ihr Herz zu hören!

H: Dann ist Gott also auch da, wenn wir nicht so was ganz Festliches, Besonderes spüren in uns?

E: Gott ist immer da. Darauf könnt ihr euch verlassen. Und weil man das zwischendurch immer wieder vergisst, erzählen wir es euch jedes Jahr an Weihnachten.

Kleiner Engel: Das ist nämlich unsere Engelarbeit!

I: Kommt doch zu uns herunter, damit ihr auch in unserer Nähe seid und wir an eure Botschaft denken. Nun ist unsere Weihnachtsgeschichte vollständig.

Engel kommen zu Musik nach vorne. Wenn sie vorne angelangt sind, beginnt der Tanz (s. Anhang).

SZENE 9

Personen:
S1, S6

Ort:
Kanzel, Kirchenraum

S1: Von den Engeln ist uns berichtet, dass sie mit dem Glanz Gottes die Hirten umgaben. Damit ist nicht nur Licht und Helligkeit gemeint. Gottes Glanz reichte bis tief in sie hinein. Die Engel zeigten ihnen so, dass Gott ganz tief mit ihnen verbunden ist. Diese Verbindung ist allen Menschen gemeinsam. Dass Gott uns so nahe ist, ist schwer vorstellbar und oft auch nicht spürbar. Es gibt Momente, da es uns offenbar wird. Weihnachten damals war ein solcher Moment. Nur auf diesem Weg konnte Gott uns das zeigen. Er schickt ein kleines Kind zu uns. Dieses Kind hilft uns zu verstehen, was Gott mit uns vorhat. Weihnachten heute kann wieder ein solcher Moment sein, in dem wir Gottes Botschaft besser verstehen können.

S6 *(mit leiser Musik unterlegt)*:

„… und die Klarheit des Herrn umstrahlte sie."

Göttliches Licht,
nur ein kleiner Moment,
in dem du mich klar sehen ließest.

Ahnungen,
bekannte Worte,
verborgene Gedanken
kamen ans Licht.

Fragen
fanden Antworten,
viel größer
und anders,
als ich dachte.

Bilder wurden klarer,
Licht schien in
vergessene Gedanken.

Nur ein kleiner Moment,
traumgleich,
die Klarheit des Herrn umleuchtete mich.

Wie es weitergehen kann

Dieses Weihnachtsspiel enthält bereits sehr große Moderationsteile, sodass im Normalfall keine inhaltliche Weiterführung mehr nötig ist.
Da die „Klarheit des Herrn" das Ende des Stückes bildet, ist es schön, wenn beim Hinausgehen Wunderkerzen verteilt werden, die einen solchen Moment symbolisieren können. Sie können vor der Kirche abgebrannt werden.

Möglichkeiten und Hilfen

Engel auf der Empore
Gibt es in der Kirche keine Empore, können die Engel irgendwo erhöht stehen oder auch im Publikum sitzen. Wichtig ist, dass die Zuschauer sie nicht unbedingt vorher entdecken, damit ihr Auftritt eine Überraschung sein kann.

Sprecherinnen
Dieses Stück hat sehr viele Sprechrollen. Wie in den meisten Stücken können die Sprechrollen A–K auch auf weniger Personen verteilt werden.

Mehr als vier Sprecher werden nicht gleichzeitig benötigt. Ebenso können die lyrischen Texte von S4, S5, S6 von einer Person gelesen werden.

Einleitungsteil
Die Einleitung der Szenen 1 und 3 ist relativ lang. Sie können zusammenfassend vor dem eigentlichen Spiel (auch von einer erwachsenen Person) erzählt werden. Die Interpretationen in den Szenen können eventuell entfallen und in die einleitenden Worte übernommen werden.
Insgesamt wird das Stück dadurch etwas kürzer, sodass man zwischen der Einleitung und dem Spielbeginn noch ein Lied singen kann.

Tanz
Die Gruppen der Könige und Hirten bilden jeweils einen Kreis für sich. Der Tanz ist aber auch mit zwei Hirtengruppen möglich.

Oh Freude über Freude?!

(Im Zusammenhang mit Weihnachten ist so viel von Freude die Rede. Aber wie sieht es heute aus mit unserer Freude? Können wir uns heute richtig freuen oder überwiegen Arbeit und Sorgen für andere? Wie verhielt es sich damals in Bethlehem mit der Freude?)

Angaben zum Stück

Mitwirkende Personen:	
sprechend und spielend	• 2 Hirten (mittlerer und kleiner Textanteil) (H1, H2) • 3 Königinnen (mittlere Textanteile) (K1–K3) • 4 Engel (kleine Textanteile) (E1–E4) • Maria und Josef (mittlere Textanteile)
spielend	• Engel • Hirten • eventuell weitere Könige und Königinnen
sprechend	• Sprecherin S (großer Textanteil) • 12 Sprecher A–L (mittlere Textanteile)
tanzend	• mindestens 6 Engel • Maria
singend	• Hirten
Kostüme:	Krippenleute: siehe Anhang
Requisiten:	Laternen für die Engel und Maria
Aufführungsdauer:	25–30 Minuten

Szene	Personen/Ort	Inhalt/Grundaussagen	Darstellungsformen
1	S Kanzel	Weihnachten verbindet man immer mit Freude. Freuen Sie sich heute so richtig?	• Gespräch/Moderation
2	A–L Bühne	Aus unterschiedlichen Gründen klappt es mit der Freude nicht immer so recht.	• Gespräch
3	S Kanzel	Darf man sich an Weihnachten richtig freuen, wenn es doch im Alltag oft so schwierig ist?	• Gespräch/Moderation
4	E–H Bühne	Oft verderben uns andere Menschen die Freude.	• Gespräch
5	Maria, Josef, Hirten Altarraum	Auch uns wollten viele die Freude an Jesus verderben. Aber für uns heißt Weihnachten: Jetzt, in diesem Augenblick dürfen wir uns freuen.	• Gespräch • Einzug
6	K, L, Hirten Bühne, Altarraum	Oft hat man auch so viel zu tun, dass man gar nicht dazu kommt, sich so richtig zu freuen.	• Gespräch • Lied der Hirten
7	H1, H2, weitere Hirten Altarraum	Auch die Hirten haben gezögert, ob sie so einfach zum Stall laufen können. Dort haben sie erfahren: Es gibt unaufschiebbare Freude.	• darstellendes Spiel • Gespräch
8	Engel, Maria, S–D Kirchenraum, Kanzel, Bühne	Hören wir, wenn ein Engel zu uns spricht? Sind nicht oft andere Menschen, die sich um einen kümmern, Engel?	• Tanz • Gespräch
9	E1–E4 Altarraum	Auch die Engel mussten sich erst daran gewöhnen, dass sie nur Freude verkündigen.	• darstellendes Spiel • Gespräch
10	S, I Kanzel, Bühne/Kirchenraum	Weihnachten heißt auch, sich freuen dürfen, ohne immer den Blick auf andere richten zu müssen. Stehen wir uns manchmal selbst im Weg?	• Gespräch/Moderation • lyrischer Text
11	I–L Bühne	Darf man sich mitten in einer ungerechten und unfriedlichen Welt freuen? War Bethlehem nicht doch eine Ausnahmesituation?	• Gespräch
12	K1–K3 Kirchenraum, Altarraum	Die Könige haben gespürt, dass sie sich freuen dürfen. Die Probleme auf der Welt haben sie trotzdem nicht vergessen.	• Einzug mit Musik • darstellendes Spiel • Gespräch
13	S, J Kanzel, Kirchenraum	Weihnachten kann helfen, den Weg zur eigenen Freude wieder zu finden.	• Gespräch/Moderation • lyrischer Text

SZENE 1

Personen:
S

Ort:
Kanzel

S: Im Advent und an Weihnachten singen wir viele Lieder, in denen von der Freude die Rede ist: „Fröhlich soll mein Herze springen" heißt zum Beispiel ein Weihnachtslied, später singen wir „O, du fröhliche, o du selige Weihnachtszeit" und im Lied „Ihr Kinderlein kommet" heißt es ja auch: „… und seht, was in dieser hochheiligen Nacht / der Vater im Himmel für Freude uns macht." Sicher fallen Ihnen und euch noch viele andere Lieder dazu ein.
Aber mal ehrlich: Freuen Sie sich heute? So richtig? Oder hatten Sie dazu bisher noch keine Zeit? Kennen Sie diese Szenen?

SZENE 2

Personen:
A–L

Ort:
Bühne

A: Also, heute bin ich noch nicht zum Freuen gekommen. Es war der totale Stress zu Hause.

B: Und überhaupt. Oft will ich mich über eine gelungene Sache freuen, da fällt mir ein, dass ich schon das Nächste erledigen muss.

C: Meine Mutter sagt auch immer: Kaum bin ich mit dem Putzen fertig, kann ich schon wieder von vorne anfangen!

D: Und der Schreibtisch wird auch nie leer, irgendetwas muss repariert werden oder das Auto ist kaputt …

E: Manchmal machen mir auch andere meine Freude kaputt. Ein paar in meiner Klasse haben immer noch coolere Filme gesehen, behaupten sie jedenfalls, und spielen sich total auf.

F: Oder es gibt ausgerechnet dann Fernsehverbot, wenn man sich wochenlang auf einen Film gefreut hat.

G: Meine kleine Cousine war total stolz auf eine riesige Sandburg in ihrem Sandkasten. Zwei Nachbarskinder sind einfach drübergetrampelt.

H: Meine Eltern sagen manchmal, dass sie sich oft Sorgen um uns machen und darum, wie wir später leben werden. Dabei sind sie meistens gar nicht fröhlich.

I: Ich habe es lieber, wenn andere sich mit mir freuen. Wenn ich nur alleine Grund zum Freuen habe, lasse ich es manchmal lieber sein.

J: Ehrlich gesagt, finde ich das auch ein wenig peinlich, wenn alle mitkriegen, dass ich mich freue, und sie dann wissen wollen warum. Ich möchte nicht ausgelacht werden.

K: Außerdem ist es ja auf der Welt nicht friedlich. Kann man sich echt freuen, wenn so viele Menschen Hunger leiden, kein Dach über dem Kopf haben oder in großer Angst leben?

L: Und Weihnachten? Kann man sich über die Geburt von Jesus freuen, wenn spätestens nach den Ferien alles wie vorher weitergeht?

SZENE 3

Personen:
S

Ort:
Kanzel

S: Sicher ist Ihnen da einiges bekannt vorgekommen. Wir fragen uns, ob wir uns an Weihnachten richtig freuen können oder sollen oder dürfen. Im Alltag erleben wir es immer wieder, dass einfach zu viel zu tun ist, man Enttäuschungen erlebt, Streit mit anderen Menschen hat oder sich Gedanken macht über die vielen Dinge um uns herum, die so gar nicht fröhlich sind.
Trotzdem ist Weihnachten ein Fest der Freude. Und auf geheimnisvolle Weise können wir alle diese Freude heute auch spüren. Die Menschen in Bethlehem, die vor langer Zeit schon Weihnachten erlebt haben, können uns vielleicht von ihrer Freude erzählen. Oder sie können uns helfen, unsere Fragen zu beantworten.

SZENE 4

Personen:
E–H

Ort:
Bühne

G: Neulich ging es mir so richtig gut! Mathe ist normalerweise ja nicht gerade mein Lieblingsfach. Ich hatte aber gut gelernt und tatsächlich eine Zwei in der Schulaufgabe. Und dann im Schulhof …

F: He, du brauchst dich gar nicht so zu freuen wegen deiner Mathe-Zwei! Gerade habe ich gehört, dass wir heute auch noch Englisch rauskriegen. Das soll voll schlecht ausgefallen sein!

E: Beim Fußball hab ich neulich ein Supertor geschossen! Ich war total stolz. Am Ende des Spiels sagte mein Trainer: Na ja, wenn du sonst halt auch so gut spielen würdest …

H: Ich hab zu meinem letzten Geburtstag von einem Onkel, den ich gar nicht so gut kenne, ein ganz nettes Geschenk bekommen. Ich habe mich wirklich darüber gefreut. Als ich mich bedankt habe, meinte er: Ja, ja, wenn man euch jungen Leuten etwas schenkt, dann ist es recht. Sonst bin ich dir egal. Das hat mir echt die Freude verdorben.

E: Als mein Opa mit allen Enkelkindern einen riesigen Schneemann gebaut hatte, kam der Nachbar vorbei und meinte: „Ihr Auto könnten Sie wirklich mal wieder waschen! Es ist eine Schande für die ganze Straße."

F: Meine Freude über meine schöne neue Hose dauerte auch nur kurz. Eine aus meiner Klasse sagte ganz abfällig: „Ach ja, so etwas hatte man auch mal vor ein paar Jahren."

G: Ich habe vor ein paar Wochen allen erzählt, dass ich mich über eine Einladung ins Kino sehr freue. Ich bin ausgelacht worden, weil ich angeblich kindisch bin.

SZENE 5

Personen:
Maria, Josef, Hirten

Ort:
Altarraum

Maria und Josef kommen nach vorne.

Maria: Wir sind Maria und Josef, die Eltern von Jesus auf der Erde.

Josef: Ihr werdet es vielleicht nicht glauben, aber das, was ihr da gerade erzählt habt, kennen wir auch. Auch uns haben damals einige die Freude verdorben.

Maria: Das ging schon in der Familie los. Viele wollten nicht glauben, dass Jesus von Gott kommt. „Du wirst schon sehen, was du davon hast!", so haben sie mich verspottet.

Josef: Manche haben gleich gar nicht mehr mit uns geredet. Dabei haben wir uns so über Jesus gefreut. Aber auch andere Eltern haben oft gesagt: „Wartet nur mal ab, bis der größer wird! Da werdet ihr noch euer blaues Wunder erleben!" Klar, es gab auch in unserer Familie mal Ärger, wie halt überall zwischen Eltern und Kindern. Aber deswegen darf man sich doch freuen, oder?

Maria: Als Jesus dann erwachsen war, waren wir stolz darauf, dass er vielen Menschen geholfen hat. Auch da gab es dann welche, die uns immer erzählten, wenn jemand über Jesus geschimpft hat.

Josef: Es war nicht immer einfach, Jesus zum Sohn zu haben. Aber wir haben begriffen, dass Gott uns ganz nahe ist, damals in der Nacht, als er in Bethlehem geboren wurde. Und zwar genau in diesem Augenblick. Wir haben begriffen, dass Weihnachten heißt: *Jetzt, in diesem Augenblick dürfen wir uns freuen, egal, was war oder was noch kommen wird.* So haben wir es dann auch immer in unserem Leben gemacht. Wir haben uns dann gefreut, wenn es Anlass dazu gab, ohne die anderen zu fragen.

Maria: In dieser Nacht vor vielen Jahren haben die Hirten sich mit uns gefreut. Vielleicht können sie auch etwas dazu sagen.

Hirten kommen mit Musik nach vorne.

SZENE 6

Personen:
K, L, Hirten

Ort:
Bühne

L: Man ist ja so beschäftigt heutzutage!

K: Kaum jemand hat Zeit.

L: Ich sag selber oft: „Jetzt nicht" oder „Später" oder „Ich muss nur noch schnell …"

K: Man muss ja auch dauernd planen, damit man alles auf die Reihe kriegt: Schule, Familie, Freunde, Hobbys, Kirche …

L: Das sind ja auch wirklich interessante Sachen. Trotzdem, manchmal habe ich Angst, dass ich dadurch etwas Wichtiges nicht mitkriege. Ich schaffe ja so schon nicht alles, was ich gerne möchte.

K: Und Zeit zum Freuen ist da echt wenig. Stell dir mal vor, du kommst zu spät zum Nachmittagsunterricht, weil du dich erst ausgiebig über den Besuch deiner Oma freuen wolltest!

L: Schau mal, in unserer Kirchenzeitung gab es dazu auch einen interessanten Leserbrief:
Sehr geehrter Herr Pfarrer!
In Ihrer letzten Ausgabe haben Sie dazu aufgerufen, sich in der Adventszeit wieder darauf zu besinnen, dass Gott zu den Menschen kommen will. Sie haben geschrieben, wir sollen uns wieder ganz der „echten" Weihnachtsfreude hingeben.
Sie haben vielleicht Nerven! Wissen Sie, was in einer Familie im Advent los ist? Neben dem ganz normalen Alltag gibt es da Bastelabende, Musikvorspiele, mehrere Nikolaus- und Weihnachtsfeiern mit vielen Proben vorher. Dazu muss ich backen, die Wohnung dekorieren, Geschenke kaufen und mit den Kindern basteln. Auch die Verwandten sollten in der Adventszeit nicht zu kurz kommen, jedenfalls nicht in unserer Familie.
Ich habe einfach keine Zeit für Ihre „echte Weihnachtsfreude!"
Mit freundlichen Grüßen …

K: Stimmt. Man kann sich nicht einfach aus dem alltäglichen Leben rausbeamen, nur um sich zu freuen. Meistens kommt man erst unter dem Weihnachtsbaum zur Ruhe.

L: Die Hirten hätten sich ganz einfach mit ihnen gefreut über die Geburt von Jesus, meinte Josef vorhin.

K: Sie sollen uns doch davon erzählen, wie es war, als die Engel zu ihnen kamen.

Lied: „Als ich bei meinen Schafen wacht"

SZENE 7

Personen:
H1, H2

Ort:
Altarraum

Hirten treten auf.

H1: So einfach war das für uns nicht damals. Wir waren ja auch immer beschäftigt. Hirten haben viel Arbeit und müssen auch in der Nacht noch auf die Schafe aufpassen.

H2: Aber in der Nacht sind doch die Engel gekommen!

H1: Da hast du Recht. Manchmal glaube ich, dass wir die Engel am Tag nicht bemerkt hätten vor lauter Arbeit und Hetzerei. Oder wir hätten unsere Schafe nicht alleine gelassen. Es war schon etwas ganz Besonderes in dieser Nacht.

H2: Die Engel haben gesagt, wir müssen keine Angst haben. Und wir sollen schnell zum Stall gehen.

H1: Wir erwachsenen Hirten haben zuerst gezögert. Einfach fortlaufen, die Arbeit liegen lassen, die Schafe alleine auf der Weide lassen? Das ist eigentlich nicht unsere Art. Wir haben überlegt, ob das nicht auch am nächsten Tag reichen würde – oder noch besser am Wochenende, wenn alle Schafe fertig geschoren sind und kein Markttag ist.

H2: Aber der Engel hat gesagt: *Heute* sollen wir hingehen und uns freuen!

H1: Wir sind dann auch losgegangen. Ich hatte ein schlechtes Gewissen. Aber schließlich hatte mir zuvor noch nie ein Engel etwas ganz persönlich gesagt. Dort im Stall habe ich begriffen, dass man manche Sachen nicht verschieben kann. Freude kann man nicht verschieben. Als wir Jesus sahen, war die Freude einfach da. Eine riesige Freude war es, die man im ganzen Körper spüren konnte.

Unsere Arbeit ist nicht weniger geworden. Aber das habe ich mir von Weihnachten gemerkt: Freude kommt einfach ins Herz. Dagegen soll man sich nicht wehren. Trotzdem: Wenn die Engel nicht gewesen wären, wären wir vielleicht nie zum Stall gegangen.

Licht ausschalten.

SZENE 8

Tanz der Engel / der Maria (Licht wieder einschalten).

Personen: tanzende Engel und Maria, S, A–D

Ort: Kirchenraum, Kanzel, Bühne

S: Wenn die Engel nicht gewesen wären … Ob wir es hören würden, wenn ein Engel zu uns spricht: Freue dich jetzt!? Würden wir nicht auch lieber warten bis zum nächsten Wochenende oder bis zum Urlaub?

Die Engel waren Boten von Gott. Boten Gottes können auch Menschen sein, die für andere da sind, die helfen und die nicht auf sich schauen. Wenn man so lebt, kann man sich dann eigentlich selbst richtig freuen?

A: Meine Tante sagt immer: Geteilte Freude ist doppelte Freude.

B: Den Spruch kenne ich auch. Aber ich finde, dass das nicht immer stimmt.

C: Wieso nicht? Es ist doch viel schöner, wenn sich andere mitfreuen können. Wenn ich meinen Geburtstag mit meinen Freundinnen feiere, freue ich mich echt mehr, als wenn ich damit ganz alleine wäre.

B: Mir geht es aber manchmal so, dass ich mich schon gar nicht mehr freuen kann, wenn ich nicht sicher bin, dass es allen um mich herum auch so geht. Wenn ich eine gute Note habe und meine Nachbarin

      hat eine Fünf – da kümmere ich mich doch lieber um sie als um meine eigene Freude.
- D: Wenn ich mal als Einziger was von der Oma bekomme, dann habe ich fast ein schlechtes Gewissen über meine Freude. Sonst teile ich ja immer mit meinen Geschwistern.
- A: Der Hamster von meiner Freundin ist vor ein paar Wochen gestorben. Als sie neulich bei mir war, wollte ich sie von unserem Hasenstall fernhalten, damit sie nicht daran erinnert wird.
- C: Manchmal ist man so damit beschäftigt, sich um andere zu kümmern, dass die eigene Freude auf der Strecke bleibt.
- D: Wie war das eigentlich damals an Weihnachten? Ob sich die Engel eigentlich freuen konnten? Oder waren sie so damit beschäftigt, den Menschen zu erzählen, dass Gott auf die Erde gekommen ist, dass sie selbst keine Zeit hatten, sich zu freuen? Sie haben sich doch auch dauernd um andere Menschen gekümmert. Und – ist das nicht eigentlich etwas, das Jesus uns zeigen wollte? Wie ist es denn mit der eigenen Freude und dem Kümmern um andere Menschen?

SZENE 9

Personen: E1–E4

Ort: Altarraum

Engel treten auf.

- E1: „Wir verkündigen euch große Freude", haben wir damals gesagt. Euch ist heute der Heiland geboren." Das war ein ganz besonderer Auftrag, den wir Engel damals bekommen haben.
- E2: Engel gab es ja vorher auch schon. Schon immer haben sie Botschaften von Gott zu den Menschen gebracht.
- E3: Aber meistens haben wir dabei traurige oder mutlose Menschen getröstet. Wir haben ihnen gesagt, dass Gott auch bei ihnen ist, wenn sie so traurig sind.
- E4: Aber in dieser Nacht war alles anders.
- E2: Wir mussten niemanden trösten.
- E1: Wir durften einfach verkündigen, dass die Menschen sich freuen sollen. Eigentlich klingt das ganz einfach.
- E4: Aber wir Engel mussten uns erst daran gewöhnen. Bei diesem Auftrag war es nicht das Wichtigste, dass wir uns um andere kümmern.
- E3: Wir haben damals begriffen: Manchmal ist es das Wichtigste, sich selbst zu freuen. Für uns Engel war es ganz schön schwierig. Aber es war der schönste Engelauftrag, den wir jemals hatten.

SZENE 10

Personen:
S, I

Ort:
Kanzel, Bühne/
Kirchenraum

S: Sicher war es später auch mal wieder anders. Engel trösten noch immer, begleiten uns in schweren Situationen und unterstützen uns, wenn wir für andere da sind. Aber seit Weihnachten sind sie auch ein Symbol für große, unbegrenzte Freude. Weihnachten heißt auch, sich manchmal einfach freuen zu dürfen, ohne den Blick immer auf andere richten zu müssen. Manchmal ist das gerade für uns Christen ziemlich schwierig. Wenn man sich an Gottes Geboten und am Leben von Jesus orientieren will, vergisst man ab und zu, dass man sich auch um sich selbst kümmern sollte.

Etwas anderes ist auch schwierig. Oft stehen wir uns bei der Freude und bei anderen Gefühlen selbst im Weg. „Darf ich das?" fragt man sich oder „Tut man das?" Vielleicht ist es ganz anders, als ich denke! Und wenn es morgen dann ganz anders aussieht – bin ich dann nicht sehr enttäuscht?

Wenn es mir wirklich schlecht geht und ich trotzdem zwischendurch über etwas lachen muss – ist das in Ordnung? Soll ich nicht erst einmal abwarten, bis alles geklärt ist, und mich dann erst freuen? Was muss ich tun, damit die Freude, meine guten Gefühle, meine Sicherheit nicht morgen wieder weg sind?

I *(mit leiser Musik unterlegt)*:

Raum in der Herberge

Denn sie fanden keinen Raum in der Herberge …

Freude und Fröhlichkeit,
finden sie Platz?
Habe ich einen Platz für sie
in meinem Leben?

Allzu oft
muss ich zuerst
Bedenken ausräumen,
nachfragen,
auf andere schauen,
Raum suchen für
die Fröhlichkeit.

Allzu oft
frage ich nach,
ob die Freude
auch wirklich
mich meint.

Und doch hoffe ich, dass sie Platz finden wird
in meinem Leben,
dass sie anklopft und sucht,
bis Gott auch
in mir
geboren werden kann.

SZENE 11

Personen:
I–L

Ort:
Bühne

I: Mich bewegen da noch andere Gedanken. Es geht ja schließlich nicht nur um mich und um die Menschen in der allernächsten Umgebung.

J: Wenn man die Welt als Ganzes betrachtet, gibt es wenig Grund zur Freude: Krieg, Armut, Krankheiten, Gewalt. Können wir uns da wirklich einfach mal so freuen?

K: Und das sind ja nicht einfach nur Probleme in anderen Ländern. Dass es uns gut geht, hat auch etwas damit zu tun, dass sehr arme Länder im Welthandel oft unfaire Preise für ihre Rohstoffe bekommen.

L: Oder einzelne Nationen liefern Waffen an andere Länder und verdienen so viel Geld mit dem Krieg.

J: Oder wenn ich daran denke, wie es um die Umwelt bestellt ist. Die Erde wird ausgebeutet, ohne dass die Verantwortlichen darüber nachdenken, wie in der Zukunft Menschen leben sollen.

I: War diese Nacht in Bethlehem damals eine Art „Insel der Glückseligen"? Rundherum gab es ja auch damals Kriege, Besatzungen, Krankheiten … Wer weiß, wenn Maria und Josef, die Hirten und die Engel damals darüber nachgedacht hätten – vielleicht wäre ihre Freude über die Geburt von Jesus auch nicht so groß gewesen?

K: Wir wissen es nicht. Vielleicht ist ihnen ihre Freude auch einfach schnell vergangen. Es wird zum Beispiel erzählt, dass die Eltern mit dem kleinen Jesus vor Herodes fliehen mussten.

L: Es wird eben immer schwierig, wenn man sich nicht auf seine direkte Umgebung beschränken kann. Wenn man Dinge im eigenen Leben mit dem in Verbindung bringt, was auf der Welt so passiert – ehrlich gesagt –, da gibt es nicht sehr viel Grund zur Freude.

SZENE 12		*Einzug der Königinnen mit festlicher Musik.*

Personen:
K1–K3

Ort:
Kirchenraum,
Altarraum

K1: Wir Königinnen sind damals von weit her zum Stall von Bethlehem gekommen. Bethlehem, Palästina, das war gar nicht unsere Welt.

K2: In unseren Ländern herrschten andere Sitten. Wir haben an andere Götter geglaubt. Wir hatten so unsere Meinung über die Menschen in Palästina. Und die war nicht besonders gut.

K3: Wir sind dem Stern gefolgt, denn wir waren überzeugt davon, dass hier ein neuer König geboren werden wird, ein König, der völlig anders sein würde als alle anderen Könige.

K1: Wir haben uns damals sehr gefreut, als wir Jesus und seine Eltern sahen.

K2: Mir war plötzlich klar, dass Gott in mein Leben kommen will. Er war einfach da. Einen kurzen Moment habe ich schon darüber nachgedacht, was wohl die Menschen in meinem Land sagen werden, wenn ich zurückkomme und an einen anderen Gott glaube. Ich war mir nicht sicher, ob ich mich über Jesus freuen darf. Aber dann ist es einfach passiert.

K2: Mir ging es genauso. Erst dachte ich: Das kann ich doch nicht machen! Mich über ein Kind so unglaublich freuen, das in einem Land geboren wurde, mit dem unser Land schon lange in Krieg und Streit lebte.

K3: Wir haben unsere Länder nicht vergessen. Auch nicht, dass es auf der Erde viel Schlimmes gibt. Trotzdem haben wir in diesem kleinen Stall gelernt, dass für einen Moment nur Freude in uns herrschen darf.

SZENE 13

Personen:
S, J

Ort:
Kanzel, Bühne/
Kirchenraum

S: Mit der Freude ist es oft nicht ganz einfach. Manchmal erlauben wir sie uns nicht, manchmal verderben sie uns andere Menschen. Oft sind wir auch einfach zu beschäftigt mit unserem Alltag oder mit der Sorge um andere Menschen. Wir finden nicht genügend Zeit und Raum für Freude. Oder uns vergeht beim Nachdenken über größere Zusammenhänge die Freude ganz gründlich.
Weihnachten kann ein Anlass sein, einen neuen Weg zur eigenen Freude und Fröhlichkeit zu finden. Die kann ganz unterschiedliche Formen haben: laut, überschäumend, still, unauffällig, zart oder verwundert. Wir müssen darüber die Welt nicht vergessen. Trotzdem kann sich die Freude einfach in unserem Leben einen Platz erobern. Maria und Josef haben uns erzählt, dass man sich auch dann freuen kann, wenn andere keinen Anlass dazu sehen. Die Hirten haben uns

daran erinnert, dass man Freude nicht aufschieben oder vertagen kann, weil sie dann besser in den Alltag passen würde. Von den Engeln können wir lernen, dass eigene Freude auch Platz haben kann neben der Sorge um andere. Die Könige haben uns Mut gemacht, die Augenblicke der Freude und Fröhlichkeit zu genießen, ohne ein schlechtes Gewissen zu haben.

Weihnachten heißt: Gott kommt zu uns. Er kommt jetzt und heute, nicht erst, wenn wir all unsere Probleme gelöst haben oder wenn die Arbeit getan ist. Weihnachten heißt: Ich kann mir selbst erlauben, mich über Gottes Gegenwart in meinem Leben zu freuen. Diese Freude ist nicht nur wunderschön. Sie kann uns Kraft geben zum Leben. Gut, dass es wieder Weihnachten geworden ist.

J *(mit leiser Musik unterlegt)*:

Freude über Freude

Freude über Freude,
Weihnachtsfreude.

Vielleicht kommst du ja
ganz anders,
als ich dachte:

Lauter und schneller,
unerwartet und plötzlich,
stürmisch und froh.

Vielleicht auch
leise, zaghaft und fremd,
kaum spürbar,
nur ein Hauch?

Weihnachtsfreude,
bekannte Fremde
oder
unerkannte Vertraute,

ich möchte dir begegnen
wie einem Gast,
auf den ich mich
schon so lange gefreut habe.

Möglichkeiten und Hilfen

Moderation
Die Rolle der Sprecherin S greift nicht ins Spielgeschehen ein, sondern kommentiert und moderiert es. Deshalb kann diese Rolle bei Bedarf von einem Erwachsenen übernommen werden.

Zu wenig Sprecher
Die 12 Sprechrollen A–L können auch von insgesamt vier Sprechern übernommen werden, da pro Szene nicht mehr als vier Personen gleichzeitig erforderlich sind.

Lied „Als ich bei meinen Schafen wacht"
Wenn die Gruppe der Hirten dieses Lied nicht singen kann, ist es stattdessen auch als Gemeindelied möglich. Es eignet sich auch jedes andere Hirtenlied oder ein Zwischenspiel.

Einzug von Hirten und Königen
Nimmt der große Einzug von Hirten *und* Königen zu viel Zeit in Anspruch, können die Hirten auch von den vorderen Plätzen aufstehen und direkt in den Altarraum gehen.

Tanz
Hier tanzen Maria und die Engel im Kirchenraum. Soll Maria nicht mitmachen, können ihn auch die Engel allein aufführen.

Sei gegrüßt, Gott ist mit dir

(Die Verkündigung des Engels, dass in ihrem Leben etwas Außergewöhnliches passieren wird, versetzt Maria zunächst in Schrecken und Unsicherheit. Ist wirklich sie gemeint? Gott in unserem Leben? Sind wirklich wir gemeint? Sind wir nicht viel zu gering und unscheinbar?)

Angaben zum Stück

Mitwirkende Personen:

darstellend und sprechend
- Maria (großer Textanteil)
- Josef (kleiner Textanteil)
- 2 Hirten (kleiner Textanteil) (H1, H2)
- 3 Könige (kleiner Textanteil) (K1–K3)
- 4 Engel (kleiner Textanteil) (E1–E4)

sprechend
- 10 Sprecher A–J (mittlere Textanteile)
- 2 Sprecherinnen (S1, S2)

spielend
- beliebig viele Hirten, eventuell weitere Könige und Engel

Kostüme: Krippenleute: siehe Anhang

Aufführungsdauer: 15–20 Minuten ohne Unterbrechung (siehe Möglichkeiten und Hilfen)

Szene	Personen/Ort	Inhalt/Grundaussagen	Darstellungsformen
1	Maria Altarraum	Mir ist der Engel erschienen und hat von Gottes Plan erzählt. Ich bin doch eine ganz normale junge Frau.	• Rede
2	A–E Bühne	Ist Gott wirklich mit mir in meinem momentanen Alltag, in meinem ganz normalen Leben?	• Rede
3	S1 Kanzel oder Kirchenraum	Ich bin doch nicht gemeint!	• lyrischer Text
4	F–J Bühne	Szenen aus unserem Leben, in denen Gottes Gnade deutlich werden kann.	• Rede
5	Maria Altarraum	Wir trauen uns oft nicht, Gottes Pläne für unser Leben anzunehmen. Engel verkündigen bis heute, dass wir alle etwas Besonderes für Gott sind.	• Rede
6	E1–E4, H1, H2, K1–K3, Maria, Josef, weitere stumme Spielende Altarraum	Die Beteiligten der Weihnachtsgeschichte erzählen von ihren Engelsbegegnungen, die ihnen geholfen haben zu glauben.	• darstellendes Spiel • Gespräch
7	S2 Kanzel oder Altarraum	Ich kann Gott spüren.	• lyrischer Text

Szene 1

Personen:
Maria

Ort:
Altarraum

Maria: Sei gegrüßt, hat der Engel zu mir gesagt. Sei gegrüßt, Maria, du hast bei Gott Gnade gefunden. Du wirst etwas ganz Besonderes erleben. Gott ist dir ganz nahe.

Mein erster Gedanke war: Der meint doch nicht mich. Das ist bestimmt eine Verwechslung. Warum sollte ausgerechnet ich in meinem Leben Besonderes vor mir haben.

Ich bin doch eine ganz normale junge Frau. Und ehrlich gesagt, ich möchte es gar nicht anders. Ich bin doch glücklich so, jedenfalls meistens. Ich habe einen netten Freund, Josef, den ich bald heiraten werde. Vielleicht bekommen wir Kinder. Ich möchte gerne, dass sie dann so aufwachsen, wie Josef und ich aufgewachsen sind. Mit vielen Verwandten um uns herum, mit Freundinnen und Freunden zum Spielen, mit lustigen Ideen, mit den Bräuchen und Festen unserer Glaubensgemeinschaft.

Ja, das passt schon alles. Klar, auch ich habe Träume, die vielleicht nicht in Erfüllung gehen. Aber wer hat das nicht? Nein, nein, ich bin eine ganz normale Frau. Der Engel hat sich getäuscht. Was soll denn schon Großes in meinem Leben geschehen? Und überhaupt, wer weiß, ob es denn wirklich ein Engel war?

SZENE 2

Personen:
A–E

Ort:
Bühne

A: Sei gegrüßt, Gott ist mit dir?

Ja, es stimmt schon, im Großen und Ganzen geht es mir gut. Ich habe meine Familie, wir haben genug zu essen, sogar ein kleines Haus können wir abbezahlen, nachdem wir etwas Geld von meiner Mutter geerbt haben. Ist das gemeint mit „Gott ist mit mir"? Das ist doch etwas übertrieben, oder?

Und außerdem, ich habe schon meine Sorgen: Was wird mit meinem Job? Werden meine Kinder eine gute Ausbildung machen können? Was ist, wenn jemand in unserer Familie krank wird? Aber diese Sorgen hat doch fast jeder heutzutage. Dass etwas ganz Besonderes in meinem Leben sein wird? Das glaube ich nicht.

Auf mich trifft das wohl nicht zu, was der Engel zu Maria gesagt hat.

B: Sei gegrüßt, Gott ist mit dir?

Das klingt ja schon so altmodisch! Außerdem, mir geht es wie den meisten anderen in meiner Klasse: Ich gehe in die Schule, mache meine Hausaufgaben, gehe zum Fußballspielen oder besuche Freunde zum Spielen. Meine Eltern schimpfen zwar manchmal, aber im Großen und Ganzen passt es.

Dass ich etwas Besonderes bin, glaube ich, ehrlich gesagt, nicht.

Warum auch? Die Geschichte mit Maria und Josef ist einfach zu lange her.

C: Sei gegrüßt, Gott ist mit dir?

Im meinem Leben ist noch vieles offen. Ich weiß noch nicht, was ich später machen werde. Letztes Jahr hatten wir Betriebspraktikum in der Schule. Da habe ich gemerkt, dass ich mir einige Berufe ganz anders vorgestellt habe. Manches war besser, manches schlechter als in meinen Vorstellungen.

Bisher war immer alles klar. Jetzt muss ich irgendwann selbst entscheiden. Manchmal bekomme ich Angst: Was ist, wenn ich mich falsch entscheide, den falschen Beruf ergreife, mich mit falschen Leuten einlasse oder so? Ist Gott auch da bei mir?

Wenn ich mich umschaue, schlagen sich alle in meinem Alter mit den gleichen Fragen rum. Etwas Besonderes ist es wirklich nicht. Aber für mich gilt das ja wohl auch nicht. Der Engel kam schließlich zu Maria!

D: Sei gegrüßt, Gott ist mit dir?

Oh ja, wenn ich zurückdenke, habe ich oft in meinem Leben das Gefühl gehabt, Gottes Nähe zu erleben. Ich habe viel erlebt. Ich bin aus meinem Heimatland weggezogen, musste hier eine neue Sprache lernen und ganz neue Regeln. Trotzdem habe ich wieder Fuß gefasst, habe Freundinnen und komme zurecht.

Manchmal ist es trotzdem schwer: Die Familie ist weit weg und manches von früher würde ich gerne noch mal erleben oder sehen. Meine Schwester ist im letzten Jahr gestorben. Auch die Gesundheit lässt nach.

Für mich gelten die Worte des Engels wohl nicht. Auserwählt fühle ich mich nicht, eher ganz normal.

E: Sei gegrüßt, Gott ist mit dir?

Das klingt für mich im Moment sehr fremd. Ich kann da nicht gemeint sein! Unsere Familie bricht gerade auseinander. Zu unterschiedlich haben wir uns entwickelt und plötzlich hatten wir keinen Boden mehr unter den Füßen. Meine Frau *(mein Mann, je nach Situation einsetzen)* und ich haben immer häufiger gestritten und festgestellt, dass wir ganz unterschiedlich weiterleben wollen. Wir werden uns trennen. Die Kinder sind sauer auf uns beide. Oft habe ich das Gefühl, ich verliere sie. Unsere gemeinsamen Freunde schlagen sich auf die eine oder andere Seite.

Dass Gott bei mir ist, kann ich mir im Moment nicht vorstellen. Das hier ist doch alles sehr weltlich und wir sind bestimmt nicht die einzige Familie, der es so geht.

SZENE 3

Personen:
S1

Ort:
Kanzel oder
Kirchenraum

S1 *(mit leiser Musik unterlegt)*:

Ich doch nicht!

Ich doch nicht,
sagte ich lange,

so lange,
bis ich spürte:
Ich,
wirklich ich,
war gemeint.
Fürchte dich nicht,
sagte der Engel
zu mir.

Das sagt sich leicht.
Furcht
ist mir vertrauter
als Vertrauen,
ist mir näher
als ein unsicheres
Wagnis.

Du hast Gnade gefunden.
Gott ist dir nahe.
Großes wirst du tun.

Mir
ist ein Engel erschienen.
Mich nicht zu fürchten
erschien mir groß genug.

Gottes Gnade
war noch viel größer.

SZENE 4

Personen:
F–J

Ort:
Bühne

F: Fürchte dich nicht, du hast Gnade bei Gott gefunden.
So lange wusste ich nicht, welchen Beruf ich ausüben möchte. Durch Zufall habe ich eine Traum-Lehrstelle gefunden. Meine Suche nach einer Lebensperspektive hat ein Ziel gefunden. Ich weiß nun, wie ich leben möchte.

G: Fürchte dich nicht, du hast Gnade bei Gott gefunden.

In letzter Zeit sind bei mir viele Freundschaften kaputtgegangen. Jetzt habe ich endlich einen neuen Freund gefunden.

H: Fürchte dich nicht, du hast Gnade bei Gott gefunden.
Alle wollten etwas anderes von mir. Manchmal war es, als müsste ich dauernd in andere Rollen schlüpfen. Ich hatte Angst zu vergessen, wer ich wirklich bin. Nun habe ich Menschen gefunden, wo ich sein darf, wie ich bin.

I: Fürchte dich nicht, du hast Gnade bei Gott gefunden.
Ich habe Ruhe gefunden in meiner Krankheit. Nach langen Jahren mit immer neuen Hoffnungen und Ängsten bin ich noch immer traurig darüber, dass ich nie mehr ganz gesund werde. Aber ich bin so froh, nicht mehr dauernd Entscheidungen treffen zu müssen.

J: Fürchte dich nicht, du hast Gnade bei Gott gefunden.
Das Verhältnis zu meinen Eltern hat sich gebessert. In letzter Zeit hatten wir eigentlich fast nur noch Streit. Irgendwann gab es kein Vertrauen mehr von beiden Seiten. Langsam und vorsichtig nähern wir uns wieder an.

F: Fürchte dich nicht, du hast Gnade bei Gott gefunden.
Ich habe Menschen gefunden, denen ich meine Sorgen erzählen kann, ohne gleich fertige Ratschläge zu bekommen. Ich kann immer wieder erzählen, ohne zu hören „Das wird schon wieder!"

G: Fürchte dich nicht, du hast Gnade bei Gott gefunden.
Der Umzug in die neue Stadt war schlimm. Alles Vertraute zurücklassen, neue Kontakte knüpfen – und sich vor den Kindern nichts anmerken lassen. Aber langsam bin ich hier angekommen, fast ist es schon ein Zuhause.

H: Fürchte dich nicht, du hast Gnade bei Gott gefunden.
Der erste Schultag in der neuen Klasse – ich war durchgefallen und hatte solchen Horror vor diesem Tag. Aber die anderen sind nett und keiner schaut auf mich herab.

I: Fürchte dich nicht, du hast Gnade bei Gott gefunden.
Als mein Mann *(meine Frau, je nach Situation einsetzen)* gestorben ist, dachte ich, alles sei vorbei. Noch immer bin ich traurig und weine viel. Aber viele Menschen um mich herum stehen mir zur Seite.

J: Fürchte dich nicht, du hast Gnade bei Gott gefunden.
Jahrelanger Streit hat unsere Familie entzweit. Langsam gehen wir aufeinander zu. Einige Wunden werden wohl bleiben, aber der Hass aufeinander hat abgenommen.

SZENE 5

Personen:
Maria

Ort:
Altarraum

Maria: Bald, nachdem der Engel bei mir gewesen war, habe ich verstanden, dass ich doch keine ganz normale junge Frau war. Gott hatte in meinem Leben etwas Besonderes vorgesehen. Ich sollte die Mutter seines Sohnes werden.

Dieses Besondere in meinem Leben hat mich erst mal gehörig erschreckt. Ich war schwanger! Meine Situation war sehr kompliziert. Die Familie machte ganz schön Schwierigkeiten. Meine Eltern haben sich geschämt. Gott sei Dank hat Josef zu mir gehalten. Viel später hat er mir erzählt, dass auch ihm ein Engel erschienen war.

Damals bin ich fortgelaufen. Ich war bei Elisabeth, einer Verwandten, die auch ein Kind erwartete. Dort habe ich begriffen, dass es ein „ganz normales Leben" gar nicht gibt. Sicher, mir ist schon etwas *sehr* Außergewöhnliches passiert. Trotzdem ist jeder Lebensweg etwas Besonderes und viele Engel sind unterwegs, die uns zurufen: Gott ist mit dir. Etwas Großes wird in deinem Leben passieren.

Mir war das damals etwas peinlich. Wer traut sich schon zu behaupten, dass er oder sie etwas Besonderes ist? Gut, dass da die Engel zu uns kommen und uns dies immer wieder zusagen.

SZENE 6

Personen:
E1–E4, H1, H2, K1–K3, Maria, Josef, weitere stumme Spielende

Ort:
Altarraum

Während dieser Szene entsteht nach und nach die Bethlehem-Szenerie. Hirten, Könige, Engel, Josef und Maria suchen sich nach ihren Auftritten einen Platz um die Krippe herum.

H1: Wir Hirten sind aber nichts Besonderes. Unser Leben mit den Schafen draußen auf dem Feld verläuft immer gleich.

H2: Mit uns wollen ja schon die Menschen nichts zu tun haben. Wieso sollte sich dann Gott für uns interessieren?

Engel 1 tritt auf.

H1: Schaut mal, da!

E1: Fürchtet euch nicht, ihr Hirten! Heute Nacht passiert etwas Besonderes in eurem Leben. Ihr dürft als Erste den Heiland sehen! Gott schickt seinen Sohn zu den Menschen. Geht hin und schaut ihn euch an.

H2: Wir??? Du kannst doch gar nicht uns meinen? Bestimmt suchst du andere Hirten.

E1: Geht hin und schaut ihn euch an. Er liegt in einer Krippe in einem Stall.

Engel 1 tritt ab.

H1: Los. Lasst uns zum Stall gehen. Wir sind gemeint!

H2: Gott kommt tatsächlich in unser Leben. Gut, dass der Engel uns das gesagt hat. Ohne ihn hätten wir das nie geglaubt.

Josef: Schaut, da steht Maria, meine Frau. Ich bin damals ziemlich erschrocken, als ich von Gottes Plan für Maria und mich hörte. Viele Menschen sagten: Josef, du wirst doch diese Frau nicht heiraten! Ich wusste einfach nicht, was ich tun sollte. Da träumte ich von einem Engel.

Engel 2 tritt auf.

E2: Josef, du darfst schon bei Maria bleiben. Gott hat etwas Besonderes mit euch vor. Maria bringt Gottes Sohn auf die Welt. Du sollst hier sein Vater sein.

Engel 2 tritt ab.

Josef: Also, wenn mir das der Engel nicht gesagt hätte … Maria hat erzählt, dass sie die Mutter von Gottes Sohn sein soll. Trotzdem konnte ich mir nicht vorstellen, dass so etwas in meinem Leben geschehen soll. Gut, dass ich vom Engel träumte.

K1: Wir Könige sind schon etwas Besonderes, zumindest für alle, die selbst nicht Königin oder König sind, oder?

K2: Trotzdem war unsere Reise nicht so ungewöhnlich. Wenn es einen neuen König gibt in einem Land, kommen die anderen Könige zu Besuch, das ist ja bis heute so.

K3: Deswegen waren wir auch etwas verwirrt, als dieser König nicht im Palast zu finden war. Trotzdem suchten wir ihn weiter. Auch der herrschende König Herodes war irgendwie komisch.

Engel 3 tritt auf.

E3: Ihr habt Recht. Geht diesem Stern nach. Ihr werdet einen neuen König finden, der ganz anders ist als alle Könige, die ihr kennt. Aber geht nicht zum Palast zurück, denn dort will man nichts von diesem Gotteskind wissen.

Engel 3 tritt ab.

K3: Ich hatte gleich ein schlechtes Gefühl bei diesem Herrscher. Aber ohne den Engel hätten wir uns sicher nicht getraut, einfach auf anderem Weg heimzukehren.

K1: Man weiß ja schließlich, was sich gehört, besonders unter uns Königen!

K2: Gut, dass der Engel uns geholfen hat, die richtige Entscheidung zu treffen.

Maria: Um Weihnachten erleben zu können, mussten uns damals viele Engel helfen. Keiner von uns glaubte, dass ausgerechnet in seinem Leben etwas so Ungewöhnliches passieren sollte. Gut, dass Gott immer wieder Engel zu uns schickt. Ganz normal und unscheinbar sind wir wohl alle nicht. In jedem Leben gibt es das Besondere.

Engel 4 tritt auf.

E4: Maria, du bist nicht allein mit deiner Frage. Die meisten Menschen glauben, dass sie nicht gemeint sind. Sie glauben, sie sind zu klein und unscheinbar für Gottes Pläne. Deshalb kommen wir Engel ja auch bis heute immer wieder zu Menschen und bringen Gottes Botschaft. Weihnachten soll alle Menschen daran erinnern, dass wir unterwegs sind. Es soll alle Menschen daran erinnern, dass Gott mit ihnen Pläne hat und jede und jeder wichtig ist. Niemand ist zu klein oder unauffällig für Gott.
Manchmal wollen uns Menschen nicht erkennen – oder sie haben Angst, wie damals Maria und die Hirten. Wir sagen auch heute noch: Fürchtet euch nicht. Gott ist bei euch. Er hat Großes mit euch vor.

Engel 4 tritt ab.

Maria: Ich habe damals eine ganze Weile gebraucht, bis ich das glauben konnte. Es war nicht einfach, plötzlich alle meine Pläne über den Haufen zu werfen. Erst nach einiger Zeit wurde mir klar, wie wunderbar Gott in mein Leben eingegriffen hat. Da konnte ich jubeln und ihm danken.

SZENE 7

Personen:
S2

Ort:
Kanzel oder Kirchenraum

S2 *(mit leiser Musik unterlegt)*:

Gottes Berührung

Ich spüre Gottes Kraft in mir
und freue mich über Gottes Größe und Stärke.
Alles in mir möchte jubeln über den,
der mich zu etwas Besonderem macht.

Ich bin nicht zu gering für seine Pläne,
denn die Kraft des Lebens
ist bei denen, die sie suchen und achten.

Viele vor mir und nach mir
konnten Gottes Kraft spüren
und Gott möchte,
dass auch ich ein Teil
seines guten Planes für alle Menschen werde.

Ich lobe Gott und preise seine Stärke.
Meine Hände wenden sich ihm zu,
meine Gedanken freuen sich an Gottes Plänen,
mein Herz öffnet sich weit
und spürt Gottes Berührung.

Wie es weitergehen kann

Dieses Weihnachtsspiel richtet sich eher an ältere Kinder, Jugendliche oder Erwachsene. Soll es in einem Familiengottesdienst mit vielen kleineren Kindern stattfinden, ist zu überlegen, wie die Krippenszene ausgebaut oder emotional gefüllt werden kann. Da die Krippenfiguren wenig agieren, können die Zuschauer sich nicht mit diesen identifizieren oder Vertrautes wieder entdecken. Deshalb können z.B. zwischen Szene 5 und Szene 6 vertraute Weihnachtslieder eingebaut werden. Oder die Spieler nähern sich aus verschiedenen Ecken dem Altarraum, sodass das Publikum sie aus der Nähe erleben kann.

Möglichkeiten und Hilfen

Aufführungstermin
Ohne Szene 6 eignet sich dieses Stück auch zu Aufführungen vor Weihnachten und auch außerhalb des Gottesdienstes zur Begegnung mit dem Thema „Gott in meinem Leben". An Szene 2 und Szene 4 können sich beispielsweise in Gemeindeveranstaltungen Gesprächsgruppen anschließen. Auch als Schulgottesdienst ist dieses Spiel so geeignet.

Aktion Engelchen
Nach der ersten Szene können viele kleine Engel an die Gottesdienstbesucher Zettel mit der Botschaft verteilen „Sei gegrüßt, Gott ist mit dir. Fürchte dich nicht, denn du hast Gnade bei Gott gefunden." Sie können die Zettel auch schon am Eingang an die Leute verteilen.

Zu geringe Zahl der Mitwirkenden
Die 10 Sprechrollen A–J können auch nur fünf Personen übernehmen, ebenso können S1 und S2 von derselben Person oder von Maria gelesen werden.
Gibt es zu wenig sprechende Darsteller, reichen jeweils ein Hirte, ein Engel und ein König.

Und plötzlich waren alle wieder fort

(Eigentlich wissen wir alle, wie unsere Welt sein sollte. Aber andere behindern uns, teilen unsere Vorstellungen nicht oder nehmen uns nicht ernst. Sollte man da nicht besser unter sich bleiben?)

Angaben zum Stück

Mitwirkende Personen:	
sprechend und spielend	• 2 Hirten (mittlere Textanteile) (H1, H2) • 2 Könige (mittlere Textanteile) (K1, K2) • 2 Engel (mittlere Textanteile) (E1, E2) • Maria und Josef (mittlere Textanteile) (M, J)
spielend	• Engel • Hirten • König(e)
sprechend	• Sprecherin S (große Textanteile) • Sprecher A–H (große Textanteile)
tanzend	• Krippendarsteller und/oder andere Tanzkinder
Kostüme:	Krippenleute: siehe Anhang
Requisiten:	gegebenenfalls Laterne oder Kerzen
Aufführungsdauer:	15–20 Minuten

Szene	Personen / Ort	Inhalt / Grundaussagen	Darstellungsformen
1	alle Krippendarsteller, sprechend und stumm Altarraum	Jesus zeigte uns, wie Gott will, dass die Menschen zusammenleben: Bewahrung der Schöpfung, Frieden, Gerechtigkeit.	• darstellendes Spiel • Rede • Lied
2	A–H Bühne	Wir würden gerne für mehr zwischenmenschlichen Frieden sorgen, über Glauben reden, die Umwelt schützen, uns um Menschen aus anderen Ländern kümmern, aber wir sind nicht mächtig genug oder werden gehindert.	• Gespräch
3	S Kanzel	Wir wissen, was getan werden muss, aber wir scheitern oft an den widrigen Umständen.	• Rede/Moderation
4	A–H, evtl. Pantomimengruppe Bühne	Die Jugendlichen wollen sich nur auf sich selbst besinnen und auszuprobieren, wie es wäre, das zu tun, was man möchte.	• Gespräch • Pantomime
5	A–H, M, J Bühne und Altarraum	Obwohl es schön war in Bethlehem, haben Maria und Josef begriffen, dass Jesus wollte, dass alle in ihren Alltag zurückkehren.	• Gespräch • darstellendes Spiel
6	K1, K2, H1, H2 E1, E2, M, J Altarraum	Was hätte Weihnachten verändert, wenn wir alle in Bethlehem geblieben wären?	• Gespräch
7	tanzende Krippendarsteller, Tanzkinder, Gemeinde Altarraum/Kirchenraum	Symbolisch wird dargestellt, wie sich Weihnachten ausbreitet und den normalen Alltag erreicht.	• Tanz
8	S Kanzel	Unser Weihnachten gäbe es vielleicht nicht, wenn damals alle unter sich geblieben wären. Weihnachten schenkt uns immer wieder Kraft für den Alltag.	• Rede/Moderation

SZENE 1

Personen:
M, J, H1, H2, E1, E2, K1, K2 und weitere stumme Darsteller

Ort:
Altarraum

M: Wie schön, dass es wieder Weihnachten geworden ist!

J: Jedes Jahr erinnern wir uns gerne an das Fest, das die Menschen feiern, weil Gott uns Jesus als Sohn geschenkt hat.

M: Wir feiern aber nicht nur, dass Jesus *unser* Sohn wurde, sondern dass er für alle Menschen da war und ihnen von Gott erzählt hat.

J: Du hast Recht, Maria. Jesus hat den Menschen von Gott erzählt und uns allen gezeigt, wie Gott will, dass wir zusammenleben. Auch wenn das manchmal nicht so klappt, hat er uns gezeigt, dass wir es immer weiter versuchen sollen.

M: Ich habe von Jesus gelernt, dass es wichtig ist, nicht nur an sich zu denken. Ich bin viel vorsichtiger geworden mit Pflanzen und Tieren, als mir klar wurde, dass Gott die ja nicht nur geschaffen hat, damit wir sie essen.

J: Weihnachten erinnert mich auch immer daran, dass wir zur großen Lebensgemeinschaft auf der Erde gehören. Mir ist das in dieser Nacht im Stall von Bethlehem klar geworden.

Maria und Josef nehmen ihre Plätze im Stall ein und entzünden eine Laterne oder Kerzen, falls vorhanden.

H1: Auch wir Hirten erinnern uns heute an diese heilige Nacht vor über 2000 Jahren. Die Begegnung mit dem Jesuskind war etwas ganz Besonderes.

H2: Dass ausgerechnet wir armen Hirten als Erste zu Jesus kommen durften, das hat uns sehr verändert. Wenn man von anderen verachtet wird, wird man nämlich selbst ziemlich ungerecht zu sich und anderen Menschen.

H1: Das stimmt. Früher hatten wir einen recht ruppigen Umgangston untereinander und wer schwach oder langsam war, der hatte halt Pech. Fremde haben wir auch schon mal verprügelt, wenn sie uns zu nahe kamen oder verspotteten.

H2: Seit wir damals Jesus erlebt haben, fühlen wir uns viel wertvoller – und plötzlich erscheinen einem die anderen Menschen auch in einem anderen Licht.

H1: Wir sind viel netter zueinander. Irgendwie ist es passiert. Man schaut, dass auch die nicht so tüchtigen Hirten genug zu essen haben, und wirft mal einen Blick auf ihre Schafe.

H2: Wenn Fremde gemein sind, wehren wir uns natürlich. Aber wir warten erst mal ab, was sie überhaupt von uns wollen.

H1: Ja, ja, Weihnachten hat uns sehr verändert. Das Leben ist viel schöner geworden.

Die Hirten gehen ebenfalls in den Stall und suchen sich ihren Platz.

E1: Ich finde auch, dass Weihnachten viel in unserem Engelsleben verändert hat. Früher haben wir die Aufträge von Gott einfach ausgeführt, weil es unsere Arbeit war. Aber als wir damals in Bethlehem auf dem Feld den Hirten die Botschaft gebracht haben, dass Gottes Sohn geboren ist, da hat sich auch für uns Engel einiges geändert!

E2: Wir sind viel näher mit den Menschen zusammengerückt. Plötzlich war da eine Verbindung da, denn Gott war ja jetzt als richtiger Mensch bei ihnen – und gleichzeitig bei uns im Himmel.

E1: Es war, als wäre eine Türe zwischen Himmel und Erde für immer geöffnet worden. Und die Aufgabe von uns Engeln ist es, sie offen zu halten, auch wenn das manchmal schwer fällt.

E2: Bei Gott sein war plötzlich nicht mehr ein Vorteil, den nur wir Engel hatten, nein, Gott war auf einmal überall. Weihnachten war der Anfang davon, dass wir Engel immer zwischen Himmel und Erde unterwegs sind.

Die Engel gehen in den Stall und suchen dort ihre Plätze.

K1: Ihr könnt es euch sicher denken: Natürlich hat Weihnachten auch uns Könige sehr verändert. Vorher war es das Wichtigste, dass man ein großes und reiches Land beherrsche und einfach besser war als die anderen Völker.

K2: In Bethlehem habe ich begriffen, dass das sehr rücksichtslos ist. Früher habe ich mir nicht viel Gedanken um Gerechtigkeit in meinem Land gemacht – heute ist das anders. Ich möchte, dass alle meine Untertanen freiwillig dort leben und ein gutes Leben führen.

K1: Na ja, ich war auch ziemlich leichtsinnig mit Waffen. Ich fand es toll, andere Länder im Krieg zu besiegen. Über die Toten oder Verletzten habe ich nicht viel nachgedacht. Ich dachte immer: Die Besten gewinnen eben! Inzwischen merke ich, dass Menschen nicht entscheiden dürfen, ob ein anderer leben darf oder nicht. Eigentlich ist es überhaupt nicht in Ordnung, Kriege zu führen. Das habe ich vom kleinen Jesus gelernt, obwohl ich nicht genau weiß, wie das gegangen ist!

K2: Für mich ist an Weihnachten auch ein neuer Gedanke aufgetaucht: Ich stelle mir vor, dass es den Völkern viel besser ginge, wenn wir schauen würden, dass wir miteinander gut leben und nicht gegeneinander.

Auch die Könige ziehen nun in den Stall ein. (An dieser Stelle kann ein Weihnachtslied gesungen werden, entweder von der Gemeinde oder von den Krippendarstellern. Es soll deutlich werden, dass Weihnachten in Bethlehem nun sozusagen komplett ist.)

SZENE 2

Personen:
A–H

Ort:
Bühne

A: Ach ja, Weihnachten ist schon ein schönes Fest. Mir gefällt das auch, was die Leute, die damals dabei waren, gerade erzählt haben. Es wären so tolle Ideen, aber heutzutage ist das ja wohl alles wieder anders!

B: Genau! Zum Beispiel die Geschichte der Hirten. Ich fände das auch gut, wenn wir einen freundlicheren Umgangston hätten in der Klasse. Ich versuche das auch. Bloß – wenn man immer dumm angeredet wird, was soll man tun? Man muss sich doch wehren!

A: Andere in meiner Klasse verspotten schon mal die türkischen Mädchen, die nicht alleine ins Kino oder in die Stadt dürfen. Ich habe aber kein Problem mit den ausländischen Kindern an unserer Schule. Ich habe mich daran gewöhnt, dass da viele Sprachen gesprochen werden und manches halt etwas fremd für mich ist.

B: In der Familie ist es auch oft schwierig. Meine Tanten machen oft so giftige Bemerkungen, dass jede Familienfeier irgendwann im Streit endet. Meine Mama sagt, an ihr liegt es nicht!

C: Ich fand das schön, was die Engel gesagt haben. Dass der Weg zwischen Gott und uns offen ist. Ich finde es gut, darüber nachzudenken und zu reden. Aber mach das mal bei deinen Freunden. Die lachen sich doch kaputt, wenn du da mit Glauben oder Kirche ankommst.

D: Ich bete auch lieber heimlich. Ausgelacht will ich nicht werden. Aber schön wäre es schon, wenn ich mit anderen mal darüber reden könnte. Aber die wollen das ja nicht.

C: Ich habe gehört, dass manche Leute gerne auch mal in der Kirche tanzen würden oder irgendwie anders den Glauben ausdrücken, zum Beispiel in Bildern. In vielen Gemeinden darf man so etwas nicht, weil viele Leute meinen, das ist ein Kasperltheater und kein Gottesdienst.

D: Meine Patin sagt, sie kann Gott manchmal spüren. Aber sie erzählt keinem mehr davon, weil sie schon oft verlacht oder beschimpft wurde. Ich finde das aber total spannend.

E: Maria hat gesagt, dass sie durch Jesus gelernt hat, viel vorsichtiger mit allem umzugehen, was lebt. Das hat mir gefallen. Ich bin sowieso ein großer Tierfreund. Früher, als ich klein war, fanden das auch alle ganz nett, wenn ich Marienkäfer gerettet habe und so. Wenn ich jetzt schimpfe, weil die Mama Spinnen erschlägt, heißt es: Stell dich nicht so an!

F: Ich werfe ja auch nicht achtlos Müll weg. Ich passe auch auf, dass ich die Umwelt schütze. Aber die anderen … allein der viele Müll, der in den Wald geschmissen wird.

E: Genau, und die vielen Abgase! Aber wenn ich zu meinem Papa sage, dass wir weniger Autofahren sollen, sagt er, die Flugzeuge und Fabriken machen viel mehr Dreck als sein kurzer Weg zur Arbeit.

F: Wir haben mal mit anderen Familien darüber gesprochen, dass man nur noch Lebensmittel kaufen sollte, die so angebaut sind, dass es der Natur und den Menschen nicht schadet. Aber alle Erwachsenen haben gesagt, dass man sich das nicht leisten kann mit einer Familie, und dann halt trotzdem das Billigere kauft.

G: Wir sollten uns nicht nur um uns selber kümmern, sondern an die Menschen in anderen Ländern denken. Vor allem in armen Ländern brauchen die Menschen unsere Hilfe. Ich spende schon was für solche Organisationen. Aber mein Cousin, der genauso viel Taschengeld hat wie ich, hat mir neulich erst erklärt, dass ich ganz schön blöd sei.

H: Meine Lehrerin hat erzählt, sie hat ein Patenkind in einem Land, das vom Tsunami zerstört wurde. Das finde ich gut. Ich werde so etwas auch mal machen. Aber vielen anderen Menschen ist das doch egal.

G: Genau. Und Kriege führen die ja auch noch, genauso wie das der eine König erzählt hat. Da denken sich Politiker: Wir sind die Besten. Wir dürfen das. Ich würde das nie machen.

H: Ich will so etwas auch nicht. Eigentlich ist es bei einem Unglück doch egal, aus welchem Land die Toten sind und wo die Menschen Angst haben. Aber viele schauen nur, ob ein westliches Land betroffen ist – so, als wären die einen Menschen mehr wert als die anderen. Das finde ich furchtbar!

SZENE 3

Personen:
S

Ort:
Kanzel

S: Geht es uns nicht allen so? Eigentlich wüssten wir ja, was anders werden soll. Aber die anderen machen nicht mit. Der Gruppendruck ist zu groß. Das ist halt unsere Gesellschaft, sagen wir dann oft resigniert.

Oft haben wir auch schon erlebt, dass wir persönlich Nachteile erfahren, wenn wir uns bemühen, im Sinne der Botschaft von Jesus zu handeln. Man wird verspottet, wenn man sagt, warum man das macht. Wenn ich Bio-Obst kaufe, weil jemand in der Familie eine Allergie hat, finden das die meisten o.k. Wenn sage, ich tue es, weil ich Gottes Schöpfung bewahren will, werde ich schief angeschaut. Da frage ich mich oft, was ich tun soll! Nicht mehr darüber reden? Mich zurückziehen und mein Ding machen? Mir Verbündete suchen? Mich anpassen?

SZENE 4

Personen:
A–H, eventuell Pantomimengruppe

Ort:
Bühne

A: Also, wenn ich uns jetzt hier so höre, *wir* hätten schon gute Ideen. Aber die vielen anderen?

B: Viel können wir wohl nicht tun, oder? Feiern wir halt Weihnachten wie immer. Es ist doch eine Geschichte, die schon ziemlich alt ist. Vielleicht sind die Gedanken ja auch einfach veraltet und wir müssen moderner denken.

C: Aber probieren könnten wir es doch!

B: Was probieren?

C: Na, wenn wir alle so leben wollen wie die Bethlehemleute, dann machen wir das doch einfach.

D: Du meinst, wir brauchen die anderen gar nicht dazu?

E: Na ja, wir haben ja jetzt Ferien. Da könnten wir doch ein paar Tage nur so leben, wie wir es gerne täten. Bei uns im Haus wäre schon Platz für uns alle.

F: Wir könnten also nett zueinander sein, uns wirklich zuhören und niemandem schaden.

G: Wir könnten auch mal über den Glauben reden und Pläne machen, wie es sein wird, wenn wir ganz erwachsen sind und auch so leben wollen.

H: Und niemand stört uns dabei oder verspottet uns. Lasst es uns probieren. Das müsste dann ja wirklich so sein wie an Weihnachten damals.

Pantomime: Mit Gesten und Mimik wird ausgedrückt, wie sich die acht Personen das vorstellen, beispielsweise einander offen begegnen, sich umarmen, Waffen weglegen, Pflanzen aufmerksam begutachten usw. Wenn räumlich möglich, kann sich die pantomimische Darstellung über den ganzen Kirchenraum erstrecken. Einige der Krippendarsteller schauen bereits während der Pantomime interessiert zu, stehen auf usw.

SZENE 5

Personen:
A–H, M, J

Ort:
Bühne und Altarraum

G: Also ich weiß ja nicht, ob das jetzt so toll ist.
F: Wieso, es ist doch ganz friedlich hier bei uns. Ich genieße es, dass ich nicht dauernd überlegen muss, was andere denken.
H: Ja, so mit lauter Gleichgesinnten, das ist echt angenehm.
A: Ehrlich gesagt, ich fühle mich komisch dabei. Wie unter einer Glasglocke.
B: Ja, als ob das richtige Leben draußen an uns vorbeizieht und wir gar nichts damit zu tun haben.
E: So richtig in Weihnachtsstimmung bin ich auch nicht.
C: Es fühlt sich eher an wie eine Insel, die vom Leben abgeschnitten ist, oder?
D: Dort drüben im Stall von Bethlehem schauen sie ganz glücklich und zufrieden aus. Machen wir irgendetwas falsch? Haben wir was übersehen oder vorhin nicht richtig zugehört?
H: Dann lass uns doch fragen, was die Bethlehemleute dazu meinen.

Sie bewegen sich auf den Stall zu.

A: Maria, Josef, könntet ihr uns helfen? Dürfen wir euch zu uns einladen?
M: Aber natürlich, was können wir denn für euch tun?
C: Ich weiß nicht so recht, wie ich es beschreiben soll. Also, wir haben euch vorhin zugehört und festgestellt, dass *wir* vieles von dem, was ihr gesagt habt, auch gut finden.
J: Was findet ihr denn gut?
B: Zum Beispiel das, dass man aufmerksamer miteinander umgehen soll und sich selbst dann auch viel wertvoller findet.
D: Oder dass unser Glaube nicht nur ab und zu wichtig ist, sondern die Beziehung zwischen uns Menschen und Gott dauernd da ist.
E: Oder das mit den neuen Beziehungen in der Familie.
G: Und die Ansichten über Macht und Gewalt auf der Welt.
H: Das sind wirklich Themen, die heute, nach über 2000 Jahren noch immer sehr aktuell sind.
F: Wir würden ja gerne so leben, nur machen da oft die anderen Menschen nicht mit. Es kümmert einfach keinen Politiker, was ich denke.
J: Schon klar, aber ich verstehe immer noch nicht, wie Maria und ich da helfen können.
E: Wir haben das jetzt ein paar Tage ausprobiert, dass wenigstens wir so leben.
M: Aber das ist doch schön. Wo liegt denn das Problem?
A: Es fühlt sich einfach komisch an. Gar nicht wie Weihnachten. Eher wie eine einsame Insel, die gar nichts mit dem Leben zu tun hat.

M: Seid ihr denn ganz alleine gewesen? Nur ihr acht?

A–H nicken bejahend.

M: Ja, dann wundert mich das nicht! So wie heute da drüben *(deutet auf den Altarraum)* war es im Stall nämlich nur ganz kurze Zeit. Plötzlich waren die nämlich alle wieder weg!
B: Wer? Die Hirten und die Könige?
J: Genau. Auch die Engel. Das Wunder in Bethlehem, wo uns in dieser einen Nacht so deutlich wurde, wie wir weiterleben wollten, das dauerte wirklich nur ganz kurz. Die Engel waren plötzlich nicht mehr da. Die Hirten liefen zurück zu ihren Schafen und wollten vom Wunder dieser Nacht bei ihren Kollegen erzählen. Und die Könige haben sich auch nur ein bisschen ausgeruht von ihrer langen Reise und sind dann zurück in ihre Länder geritten.
F: Dann war Weihnachten bloß ein kurzer Zufall oder ein Ausnahmemoment – und dann sind alle zu ihrem normalen Alltag zurückgekehrt?
M: Ein kurzer Moment, ja – aber ein Zufall war es ganz bestimmt nicht. Zuerst waren wir ja auch enttäuscht: So eine wunderschöne, heilige Nacht mit lauter Menschen, die begriffen haben, dass Gott bei uns ist, und die gemerkt haben, dass Weihnachten sie verändert hat – und dann war plötzlich wieder Tag. Josef und ich waren mit unserem Baby alleine in einem fremden Stall.
J: Aber dann haben wir begriffen, dass genau das im Sinn von Gott und Jesus ist. Wenn wir immer zusammen mit den anderen im Stall von Bethlehem geblieben wären, dann hätte sich nichts verändern können. Damit wir gar nicht in Versuchung kommen, hat Gott seinen Sohn als kleines Kind geschickt, das versorgt werden muss und ein Zuhause braucht.
C: Ganz verstehe ich es immer noch nicht. Ihr habt doch gespürt, dass die Geburt von Jesus euch verändert hat. Die anderen Menschen vermutlich nicht. Wäre es da nicht viel besser gewesen, ihr, die Hirten, die Könige und die Engel wäret zusammengeblieben?
H: Dann wären vielleicht viele Menschen gekommen und hätten die Stimmung in eurem Stall bewundert.
M: Wahrscheinlich hätten wir uns dann genauso gefühlt wie ihr: wie auf einer Insel, die mit dem Leben nichts zu tun hat. Oder wie in einem Museum. Aber niemand hätte gemerkt, dass Gott mit dem Leben aller Menschen zu tun hat.

SZENE 6

Personen:
E1, E2, K1, K2, H1, H2, M, J

Ort:
Altarraum

K1: Was hätte es denn genutzt, wenn mir Weihnachten klar gemacht hat, dass man nicht einfach glauben darf, dass das eigene Land das beste ist, wenn ich nicht heimgekehrt wäre und es meinen Untertanen erzählt hätte? Sie hätten wie früher einfach Kriege begonnen.

K2: Mir wurde an Weihnachten klar, dass es unrecht ist, wenn Reiche deshalb reich sein können, weil andere fast umsonst für sie arbeiten müssen. Was hätte es genutzt, wenn ich nicht versucht hätte, dies in meinem Land zu verändern?

H1: Was hätte es genutzt, wenn wir Hirten uns zwar durch die Begegnung mit Jesus wertvoller gefühlt hätten, aber dann nicht anders miteinander bei der Arbeit umgegangen wären?

H2: Dann hätten weiter alle schwachen Hirten geglaubt, dass sie eben unerwünscht sind, und die Leute aus der Stadt hätten zu Recht erzählt, dass wir grobe Kerle sind.

E1: Wenn wir uns nur damals gefreut hätten, dass wir den Menschen sagen durften, dass Gott immer bei ihnen ist, dann hätten es ja nie alle erfahren.

E2: Wären wir im Stall geblieben, dann wäre die Türe zwischen Menschen und Gott vielleicht wieder zugefallen.

J: Wenn wir mit Jesus nicht zurück nach Nazareth gegangen wären, hätten wir nie einen neuen Anfang mit unseren Familien erleben können.

M: Wir hätten nie im Alltag zeigen können, dass man vorsichtig mit Menschen, Tieren und Pflanzen umgehen muss. Damals im Stall war es ein wunderbarer Moment. Aber Weihnachten ist mehr als das.

J: Weihnachten war der Anfang davon, dass Gott in unseren Alltag kam: in die Arbeit, die Familien, in die Kindergärten und Schulen, in Freundschaften und das öffentliche Leben. Man kann Weihnachten nicht für sich behalten wie ein wertvolles Schmuckstück. Weihnachten muss unter alle Menschen verteilt werden.

SZENE 7

Personen:
tanzende Krippendarsteller und andere Tanzkinder, Gemeinde

Ort:
Altarraum/ Kirchenraum

In einem einfachen Tanz bewegen sich zuerst Darstellende der Krippenszenerie. Dann werden die einfachen Tanzelemente mit anderen, nicht verkleideten Kindern/Erwachsenen wiederholt. Wenn möglich, kann das auf alle Anwesenden ausgedehnt werden.

SZENE 8

Personen:
S

Ort:
Kanzel

S: Unser Weihnachten heute gäbe es vielleicht gar nicht, wenn damals alle unter sich geblieben wären. Sie hätten von den Veränderungen, die mit ihnen passierten, nichts weitererzählt. Sie hätten nichts in ihrem Alltag anders machen können.
Dass wir jedes Jahr Weihnachten feiern, zeigt, wie viel Kraft in diesem Fest und in der Weihnachtsbotschaft steckt.
So verlockend der Gedanke auch ist, sich auf eine Insel zu verkriechen und das andere Leben zu vergessen: So ist Weihnachten nicht gemeint. Es nimmt uns das normale Leben nicht ab, mit allem, was gelingt, und allem, was schwer ist, und tauscht es nicht gegen ein anderes Leben ein. Weihnachten gibt uns Kraft für unser ganz normales Leben. Auch für die Veränderungen, die wir selbst wollen, weil Jesus uns an Weihnachten begegnet ist.

Wie es weitergehen kann

Zur Weiterführung dieses Stückes bieten sich drei inhaltliche Ansatzpunkte an:
- Die Ziele, die den Jugendlichen und auch den Krippendarstellenden nach der Begegnung mit Jesus gut und sinnvoll erscheinen, werden mit den Stichworten Frieden, Gerechtigkeit und Bewahrung der Schöpfung beschrieben. Eines dieser Themen kann in einer Auslegung aktualisiert und vertieft werden.
- Der Tanz macht die Ausbreitung der Weihnachtsbotschaft und ihre verändernde Kraft deutlich. Die Gottesdienstteilnehmer können angeregt werden, darüber nachzudenken, wie wir dazu beitragen, die Weihnachtsbotschaft weiterzutragen.

- Am Schluss geht es darum, dass Weihnachten nicht von der Last des Alltages befreit, sondern Kraft gibt, ihn zu bewältigen. Wie halten wir es mit der Trennung von Glaube und Leben? Das kann im Mittelpunkt einer Auslegung stehen.

Möglichkeiten und Hilfen

Tanz
Wenn die Gemeinde nicht mittanzen kann, können in den ersten Reihen verteilt sitzende Mitwirkende den Tanz andeuten.

Pantomime
An Stelle der Pantomime können Helfer auch symbolhafte Zeichnungen der Tätigkeiten bzw. des Zusammenlebens, die an Stöcken befestigt sind, durch den Kirchenraum tragen. Besonders gut wirkt dies, wenn sie von verschiedenen Punkten aus starten.

Zu Hause würde ich das nie tun!

(Die Weihnachtsgeschichte ist uns vertraut. Für die Beteiligten war allerdings einiges äußerst ungewöhnlich. Sind ungewöhnliche Umstände und fremde Umgebungen eine Chance, Gott dort wahrzunehmen, wo wir ihn sonst übersehen würden?)

Angaben zum Stück

Mitwirkende Personen:	
sprechend und spielend	• 2 Hirten (mittlere Textanteile) (H1, H2) • 2 Könige (mittlere Textanteile) (K1, K2) • 2 Engel (mittlere Textanteile) (E1, E2) • Maria und Josef (mittlere Textanteile) (M, J)
spielend	• Engel • Hirten • mindestens ein König (K3)
sprechend	• Sprecherin S (größerer Textanteil) • Sprecher A–F (mittlere Textanteile)
Kostüme:	Krippenleute: siehe Anhang
Aufführungsdauer:	ca. 15 Minuten

Szene	Personen/Ort	Inhalt/Grundaussagen	Darstellungsformen
1	A, B Bühne	Manchmal mache ich in fremder Umgebung Dinge, die ich zu Hause nie tun würde.	• Gespräch
2	S Kanzel	Diese Erfahrung kennen wir alle. Warum ist das so?	• Rede
3	C–F Bühne	Beispiele werden genannt.	• Gespräch
4	S Kanzel	Ermöglicht fremde Umgebung erst, Neues zu tun oder zu denken? War dies an Weihnachten auch so?	• Rede
5	alle Krippendarsteller Kirchenraum/Altarraum	Das normale Leben der Leute von damals.	• darstellendes Spiel • Rede
6	E, J, M Bühne	Weil Jesus nicht in unserem Umfeld geboren wurde, können wir entdecken, dass wir auf uns selbst vertrauen dürfen.	• darstellendes Spiel • Gespräch
7	F, H1, H2, Hirten Bühne	An Weihnachten haben wir erfahren, dass andere uns Dinge zutrauen, die wir uns selbst nicht zugetraut hätten.	• darstellendes Spiel • Gespräch
8	C, K1, K2, Könige Bühne	An Weihnachten haben wir erlebt, dass wir uns auf uns selbst besinnen können, ohne uns an den Erwartungen anderer zu messen.	• darstellendes Spiel • Gespräch
9	D, E, E2, Engel Bühne	An Weihnachten haben wir erlebt, dass wir unsere Beziehung zu Gott neu überdenken können.	• darstellendes Spiel • Gespräch
10	A, B Bühne	Die Erfahrungen kennen wir heute auch. Aber Weihnachten ist doch nicht fremd für uns. Bietet es dann überhaupt noch diese Möglichkeiten?	• Gespräch
11	S Kanzel/Altarraum	Weihnachten bietet immer wieder neu Möglichkeiten an, sich auf sich selbst, auf seine Rolle und auf Gott zu besinnen.	• Rede/Moderation • darstellendes Spiel

SZENE 1

Personen:
A, B

Ort:
Bühne

A: Also stell dir das mal vor: Gestern habe ich meinen kleinen Bruder von seinem Freund abgeholt. Als ich hinkomme, steht er mit dem Freund zusammen in der Küche und trocknet Geschirr ab! Mir sind fast die Augen aus dem Kopf gefallen! Zu Hause macht er nämlich immer ein Riesentheater ums Abtrocknen, sodass ich das meistens tun muss!

B: So was habe ich mit meinen Geschwistern auch schon gesehen. Aber mal ehrlich: Hast du das bei dir selbst noch nie erlebt?

A: Was? Das Abtrocknen?

B: Nein. Dass du woanders Dinge tust, die du zu Hause nie tun würdest! Ich habe zum Beispiel mal im Schullandheim Fischstäbchen gegessen, obwohl ich Fisch furchtbar hasse.

A: Na ja, im letzten Sommerurlaub bin ich vom Zehnmeterbrett gesprungen – das würde ich hier nie tun, wenn alle zuschauen und so viele Leute da sind, die man kennt ...

B: Beim Schüleraustausch letztes Jahr in Frankreich habe ich ganz fremde Leute angesprochen und fand das sogar lustig. Hier bin ich immer froh, wenn ich nicht irgendwohin muss, wo ich niemanden kenne. Ich weiß da immer gar nicht, was ich reden soll.

A: Ob das allen so geht? Dass man an fremden Orten Dinge tut, die man zu Hause nie tun würde?

SZENE 2

Personen:
S

Ort:
Kanzel

S: Kennen wir das nicht wirklich alle? Da ist man an einem fremden Ort und plötzlich sagt oder tut man etwas, das man zu Hause nie tun würde – oder das einem richtig schwer fallen würde. Vielleicht wäre es uns zu Hause peinlich, weil andere uns beobachten könnten, vielleicht möchten wir einfach mal anders sein. Vielleicht müssen wir plötzlich handeln, vielleicht verleiht uns eine ungewöhnliche Situation aber auch ungeahnten Mut.

SZENE 3

Personen:
C–F

Ort:
Bühne

C: Als ich auf eine neue Schule gegangen bin, habe ich begonnen, Geige zu spielen. Das wollte ich eigentlich schon lange. Aber die Freunde in der alten Schule fanden so etwas doof. Da habe ich es lieber gelassen. Jetzt war es ein Vorteil, dass mich die neuen Klassenkameraden gar nicht anders kannten.

D: Als ich auf einer Jugendfreizeit war, habe ich einem Mädchen, das ich erst dort kennen gelernt habe, ganz viel von mir und meinen Gedanken erzählt. Normalerweise behalte ich das meiste für mich. Aber die Gespräche dort haben total gut getan und ich hatte gar keine Angst, dass sie mich auslacht.

E: Mein Vater hat erzählt, dass er mit seiner Firma im Ausland war. Obwohl er gar nicht gut Englisch sprechen kann, hat er es dort plötzlich gekonnt – und alle haben ihn verstanden.

F: Ich kann mich noch gut erinnern, als ich mit vier Jahren zum ersten Mal bei einer Freundin übernachtet habe. Ich wollte damals immer Licht haben zum Einschlafen und habe zu Hause geweint, wenn es ganz dunkel war. Bei der Freundin war es anders. Die ist immer im Dunkeln eingeschlafen. Ich habe mich nicht getraut, was zu sagen – und es ging ganz gut. Hinterher war ich stolz.

SZENE 4

Personen:
S

Ort:
Kanzel

S: Neues als Chance oder Gefahr? Sicher ist das auch ein bisschen Mentalitätssache. Es gibt eben mutigere und weniger mutige Leute und es gibt Menschen, die schnell unter Druck geraten, wenn andere anders denken, fühlen oder handeln als sie selbst.

Trotzdem frage ich mich, ob man nicht manchmal die gewohnten Bahnen verlassen muss, damit überhaupt Neues in unserem Leben und auf unserer Welt geschehen kann. Viele Erfindungen sind gemacht worden, weil Menschen die gewohnten Wege und Gedanken verlassen haben. Manchmal macht es eine ungewohnte Umgebung erst möglich, dass Neues passieren kann.

Heute, an Weihnachten, denken wir an die uralte Geschichte von Jesu Geburt. Uns ist sie vertraut und gar nicht neu. Damals waren einige Dinge sehr ungewöhnlich. Ob sie nötig waren, damit Jesus in unsere Welt kommen konnte? Wir wollen die Leute fragen, die damals dabei waren.

SZENE 5

Personen:
alle Krippendarsteller, sprechend:
H1, K1, M, E1

Ort:
Kirchenraum/ Altarraum

Zu festlicher Musik ziehen Maria und Josef, die Engel, Hirten und Könige durch den Kirchenraum ein und nehmen um die Krippe Platz.

H1: Normalerweise sind wir Hirten sehr zuverlässig. Nie würde es uns einfallen, eine Herde alleine zu lassen. Das tut ein guter Hirte einfach nicht. Außerdem bleiben wir eher unter uns. Was andere machen, worüber sie nachdenken, was sie brauchen, interessiert uns nicht so sehr. Und mit Fremden reden, vielleicht sogar mit mächtigen Leuten – das ist nicht unsere Sache.

K1: Wir Könige haben ganz klare Vorstellungen, was ein König zu tun hat und was nicht. Es ist festgelegt, mit welchen Ländern man befreundet ist, wo man hinreist und welche Länder nicht zu uns gehören. Zu Verhandlungen schicken wir meistens unsere Minister. Die sollen erst mal alles erkunden. Man kann als König nicht einfach etwas anderes machen. Was da die Zeitungen schreiben würden!

M: Kinder werden zu Hause geboren. Dort, wo ihre Familien wohnen und wo die Kinder auch aufwachsen werden. Alle Tanten, Onkels, Cousinen und Cousins und die Großeltern können ein Baby gleich besuchen und es willkommen heißen. Die Verwandten sagen und zeigen den jungen Eltern, was sie jetzt tun müssen, damit sie nichts falsch machen.

E1: Engel sind Boten zwischen Gott und den Menschen und haben einen festen Auftrag, den sie ausführen müssen. Wir bringen Botschaften, trösten oder erklären manchmal etwas im Traum und dann ist es erledigt. Dann haben wir mit den Menschen nichts mehr zu tun – bis zum nächsten Auftrag.

SZENE 6

Personen:
E, J, M

Ort:
Bühne

Maria und Josef kommen zur Bühne.

E: So war es aber an Weihnachten nicht! Maria und Josef, euer Kind ist doch nicht bei euch in Nazareth geboren worden.

J: Genau. Das hat uns zuerst auch ziemlich unsicher gemacht, als wir gemerkt haben, dass unsere Reise nach Bethlehem alles durcheinander bringen wird.

M: Wir haben uns anhören müssen, wie unverantwortlich diese Reise ist und dass wir uns ja gar nicht auskennen würden mit einem Baby und ohne die Hilfe der Familie bestimmt nicht zurechtkommen könnten.

E: Und wie war es dann?

M: Ganz einfach war es sicher nicht. Und wir hätten uns schönere Orte vorstellen können, wo unser Kind geboren wird.

J: Aber wir haben auch begriffen, dass dadurch Sachen möglich wurden, die es zu Hause nicht gegeben hätte.

E: Zu Hause hätten euch bestimmt keine Könige besucht.

M: Auch das. Und wir konnten unser Kind auch ganz alleine kennen lernen. Vielleicht haben wir was falsch gemacht – aber das hat ja keiner mitgekriegt. Gerade weil wir an einem so ungewöhnlichen Ort waren, hatten wir die Chance, das ganz Besondere an Jesus zu entdecken.

J: Und das hat uns auch für später Mut gemacht. Wir haben gespürt, dass wir uns auf unsere eigenen Kräfte und Ideen verlassen können.

Das war auch wichtig für unser Leben mit dem erwachsenen Jesus. Er hat ja vieles getan, was andere im ersten Moment falsch gefunden haben.

M: Da haben wir uns an Weihnachten erinnert und uns gesagt: Gott hat uns gezeigt, dass wir uns auf uns verlassen können, auch wenn manches nicht gleich klappt.

E: Manchmal erleben wir so etwas ja heute auch noch. Plötzlich traut man sich an einem fremden Ort etwas zu, was man zu Hause nicht für möglich halten würde: sich alleine in einer fremden Stadt zurechtfinden, eine Gruppe leiten, eine Überzeugung nach außen vertreten. *Weihnachten kann heißen: Gott zeigt mir, dass ich mich auf mich selbst verlassen kann.*

Maria und Josef gehen zurück in den Stall.

SZENE 7

Personen:
F, H1, H2,
Hirten (stumm)

Ort:
Bühne

Hirten kommen zur Bühne.

F: Aber ihr Hirten, ihr wart doch auf euren Feldern. Für euch war es also gar kein ungewöhnlicher Ort, oder?

H1: Für uns war der Stall von Bethlehem schon ungewöhnlich. Nicht, weil er in Bethlehem war, da hast du sicher Recht.

H2: Nein, weil es ein Stall in einer Stadt war, der Stadtmenschen gehört. Da gehen wir wirklich normalerweise nicht hin. Unsere Tiere sind auf den Feldern.

F: Warum seid ihr dann doch hingegangen? Wegen der Engel?

H2: Ja, die Engel haben uns hingeschickt. Zuerst waren wir noch ein bisschen zögerlich, weil wir die Schafe alleine lassen mussten. Ich wollte ja zuerst nicht, aber als alle aufgebrochen sind, bin ich mitgegangen.

H1: Als wir dann im Stall angekommen sind, dachte ich: Wir können doch da nicht einfach reingehen. Das sind doch fremde Leute! Aber die haben sich gefreut. Sie fanden das gar nicht so ungewöhnlich. Es war, als hätten sie auf uns gewartet.

H2: Wir haben ihnen ein bisschen was mitgebracht und haben uns mit Maria und Josef über den kleinen Jesus gefreut. Sie sind gar nicht auf die Idee gekommen, dass es für uns sehr ungewöhnlich war, in einen Stall in der Stadt zu gehen.

H1: Genauso war es dann mit den Königen. Die haben so getan, als wäre es völlig normal, dass Hirten und Könige miteinander reden und essen. Da haben wir uns dazugesetzt – und es war echt toll. Plötzlich konnten wir mit fremden und mächtigen Menschen ganz normal reden. Ich hätte das vorher nie geglaubt.

F: Auch das erleben wir heute immer noch. Andere Menschen, an fremden Orten, trauen uns etwas zu, erwarten etwas von uns, das wir uns selbst nicht zutrauen würden. Zum ersten Mal ohne Stützräder Fahrrad fahren, ohne Erwachsene Essen kochen auf der Jugendfreizeit, Verhandlungen mit dem Finanzamt führen – das können solche Erlebnisse sein.
Man braucht schon Mut dazu, aber *Weihnachten kann auch heißen: Gott zeigt mir, dass andere mir etwas zutrauen*.

Hirten gehen zurück in den Stall.

SZENE 8

Personen:
C, K1, K2,
Könige (stumm)

Ort:
Bühne

Könige kommen zur Bühne.

C: Ihr Könige habt euch ja auch ungewöhnlich verhalten! Ihr habt eure Länder einfach verlassen und seid dem Stern gefolgt. Diesmal habt ihr nicht eure Minister vorausgeschickt!

K1: Das war schon etwas gewagt. Ehrlich gesagt, ich bin ja noch nie alleine so weit gereist. Sonst waren immer viele Dienerinnen und Diener und die Wache dabei.

K2: Noch dazu sind wir ja losgeritten, ohne genau zu wissen, wohin. Wir wussten ja nicht, ob wir in ein befreundetes oder feindliches Land ziehen werden. Wir hatten nur den Stern zur Orientierung.

C: Dabei sollte man doch denken, Könige kennen sich gut aus in der Welt. Habt ihr es bereut, dass ihr so alleine losgezogen seid?

K1: Am Anfang habe ich mir noch viele Gedanken gemacht, was wohl die Menschen in meinem Land denken werden, wenn sie etwas von meiner Reise erfahren. Ich habe überlegt, ob sie vielleicht enttäuscht von mir sind und mich nicht mehr als König haben wollen.

K2: Aber dann haben wir ganz schnell gemerkt, dass es eine große Chance ist, so ganz ohne Beobachter unterwegs zu sein. Wir haben uns unterwegs getroffen und konnten uns in Ruhe unterhalten. Das geht sonst ja auch nicht ohne Minister.

K1: Ich habe von den anderen viel gelernt. Vor allem habe ich festgestellt, dass ich mich oft auf das verlassen habe, was andere über euch erzählt haben. In Wirklichkeit seid ihr ganz anders.

K2: Und was wir alles ausprobiert haben! Zu Hause hätten wir uns das nie getraut! Barfuss im Fluss spazieren gehen – einfach so! Oder in ein Gasthaus gehen ohne Wache. Wir haben sogar Karten gespielt!

K1: Und als wir dann in Bethlehem ankamen, da fanden wir es gar nicht mehr ungewöhnlich, dass ein neugeborener König im Stall liegt. Wir haben uns mit den Hirten gut unterhalten, was man ja sonst als König auch nicht tut.

K2: Einmal ohne Zuschauer sein, die etwas Bestimmtes von uns erwarten – das war eine ganz wichtige Erfahrung. Und sie hat uns Mut gemacht, dass wir uns, als wir wieder zurück in unseren Ländern waren, immer wieder Gedanken gemacht haben, was *wir* wirklich wollen, nicht nur darüber, was man von uns erwartet.

C: Das kennen wir heute auch. Oft steckt man so fest in einer Rolle, dass man sich nicht traut, etwas ganz Neues auszuprobieren. Man denkt immer gleich darüber nach, was andere dazu sagen könnten. Da können ein fremder Ort oder ganz unbekannte Leute eine Chance sein: sich einmal ganz anders kleiden, ein neues Hobby ausprobieren oder auch neue Kontakte suchen. Ohne Zuschauer, ohne unsere bekannte Umgebung fällt dies oftmals leichter.
Weihnachten kann heißen: Gott sagt mir, dass er mir immer Neues zutraut und mir hilft, wenn ich neue Wege suche.

Könige gehen zurück in den Stall.

SZENE 9

Personen:
F, E1, E2, Engel (stumm)

Ort:
Bühne

Engel kommen zur Bühne.

D: Wie war das dann bei euch Engeln? Ihr habt ja keinen Ort, an dem ihr immer seid, oder? War an Weihnachten dann für euch auch irgendetwas ungewöhnlich?

E1: Der Ort nicht. Zwischen Himmel und Erde unterwegs zu sein, das war ja schon immer unser Arbeitsweg.

E2: Ungewöhnlich war für uns, dass sich die Menschen nach unserer Botschaft so verändert haben. Sie haben auf einmal begriffen, wie Gott will, dass sie leben sollen.

E1: Mit Jesus war da auch plötzlich eine ganz enge Beziehung zwischen den Menschen und Gott. Vorher waren wir dafür zuständig. Ich musste mich erst dran gewöhnen. Ich war fast ein bisschen eifersüchtig auf die Menschen.

E2: Ich hatte Angst, dass Gott und die Menschen uns vielleicht nicht mehr brauchen würden. Wir Engel haben plötzlich angefangen, untereinander über so etwas zu reden. Dass wir nicht mehr wissen, wie nahe uns Gott ist, dass wir viele Fragen haben und auch Ängste.

D: Obwohl ihr also nicht an einem fremden Ort gewesen seid, war es an Weihnachten doch fremd für euch?
E1: Gott hat natürlich weiter Aufträge für uns und wir sind ja nicht weniger wert, nur weil die Menschen Gott seit Weihnachten etwas besser begreifen können.
E2: Aber dass wir darüber reden konnten und uns voneinander erzählen, das wäre vermutlich nicht passiert, wenn wir nicht gespürt hätten, dass sich da etwas verändert.
D: Auch diese Erfahrung kennen wir heute noch gut. Manchmal können wir mit anderen Menschen richtig gut reden und ihnen von unseren geheimsten Gedanken erzählen. Manchmal gelingt uns das auch im Gespräch mit Gott. In manchen Momenten fühlen wir uns ihm ganz nahe und merken, dass er uns genau kennt. Oft erleben wir das, wenn sich um uns herum oder in unseren Vorstellungen etwas verändert hat, also fremd geworden ist.
Weihnachten kann heißen: Ich kann über meine Beziehung zu Gott immer wieder neu nachdenken.

Engel gehen zurück in den Stall.

SZENE 10

Personen:
A, B

Ort:
Bühne

A: Das war interessant. So vieles an Weihnachten war für die Personen von damals so fremd und ungewöhnlich.
B: Ja, das sind ganz ähnliche Erfahrungen, die wir auch immer wieder machen. Dass man in fremder Umgebung Dinge tut, die man zu Hause nicht tun würde, zum Beispiel.
A: Oder dass fremde Menschen einem oft viel zutrauen und man es dann plötzlich kann. Und dass es auch gut sein kann, wenn man eine fremde Situation dazu nutzt, sich zu überlegen, was man selbst wirklich will oder wie es einem gerade mit dem Glauben geht.
B: Trotzdem – so recht passt das für mich nicht zu Weihnachten. Für uns ist Weihnachten nichts Fremdes oder Ungewohntes. Wir feiern es doch jedes Jahr, oder?

SZENE 11

Personen:
S

Ort:
Kanzel

S: Weihnachten – fremd oder vertraut? Sicher ist unsere Art Weihnachten zu feiern, etwas, das in den einzelnen Familien Tradition hat. Man freut sich, wenn man Vertrautes wiederentdeckt, wenn manches wie in jedem Jahr abläuft und man auch das einfach genießen kann.
Trotzdem denke ich, dass Weihnachten bei aller Vertrautheit uns in jedem Jahr wieder in eine fremde Umgebung führt. Viele gehen in

einen Gottesdienst, obwohl sie das sonst nicht so häufig tun. Die meisten von uns müssen über die Weihnachtstage nicht arbeiten und die Geschäfte sind geschlossen. Viele bekommen Besuch oder machen Besuche in diesen Tagen. Oft kleidet man sich besonders schön und es gibt ein außergewöhnliches Essen. Wir beschenken uns gegenseitig.
So betrachtet, führt uns Weihnachten weg von unseren Alltag, heraus aus dem ganz normalen Trott. Weihnachten bedeutet für zwei, drei Tage ein Leben, das eine Ausnahme und ein bisschen fremd ist.

Weihnachten kann für uns so eine große Chance sein, immer wieder zu entdecken, was uns zugetraut wird und welche Möglichkeiten in uns stecken. Wir können uns der Nähe Gottes wieder neu bewusst werden. Vielleicht gehen wir mit neuen Zielen zurück in unseren Alltag. Vielleicht machen wir an Weihnachten erste neue Schritte oder denken erste neue Gedanken. Das Neue beginnt manchmal leichter in außergewöhnlichen Situationen, wie sie die heilige Nacht eine war.
Weihnachten bietet uns jedes Jahr wieder diese Chance und verbindet uns so untereinander und mit Gott. So wird die Weihnachtsgeschichte von Bethlehem auch zu unserer Geschichte.

Alle Sprecher gehen in den Altarraum und suchen sich einen Platz im Stall.

Wie es weitergehen kann

In vielen Bildern und Texten wird der Stall als Ort der Armut dargestellt. Dieser Gedanke kann in einer Auslegung weitergeführt werden. Es lohnt sich jedoch, auch die weitere Dimension der Geburt an einem ungewöhnlichen Ort zu bedenken. Fremdes bietet gerade eine Chance, Gott dort wahrzunehmen, wo er uns im gewohnten Umfeld gar nicht auffallen würde.
Ein wichtiges Element ist die Dunkelheit. Die neuen Schritte der Menschen aufeinander zu und der Menschen zu Gott haben in der Nacht, im Schutz der Dunkelheit, begonnen. In unserer Zeit wird schnell alles in grelles Licht gesetzt, in Medien gezeigt und öffentlich gemacht. Auch der Schutz der Dunkelheit für Neues kann in einer Auslegung aufgenommen werden.

Möglichkeiten und Hilfen

Textlänge
Szene 4 enthält die Beschreibung des „normalen" Lebens der Bethlehemfiguren. Diese können auch in der 3. Person von Sprecherin S oder einer weiteren Sprecherin übernommen werden. Eventuell können die Textteile der Szenen 5–8 von jeweils einem Krippendarsteller gesprochen werden. Da diese dann aber sehr lang werden, sollte er ein guter Leser sein.
Zur Auflockerung kann das Stück nach Szene 9 durch ein Gemeindelied unterbrochen werden.

Fremdes im Weihnachtsgottesdienst
Es passt zu dem Stück, in diesem Weihnachtsgottesdienst ein fremdes Weihnachtslied zu lernen, eventuell aus einem anderen Land oder Kulturkreis.
Auch eine Krippe, die ungewöhnlich aussieht oder aus einem anderen Land stammt, kann über die Weihnachtstage in der Kirche stehen. Sie bietet Anlass zu Gesprächen darüber, welche jeweiligen Vorstellungen der Geburt Jesus sich damit verbinden.

Anhang

Lieder und Musik

Lieder
Zur Umrahmung der Weihnachtsspiele, sei es in gottesdienstlichem oder anderem Rahmen, eignen sich alle bekannten, aber auch weniger bekannte Advents- und Weihnachtslieder. Auf besonders passende Weihnachtslieder wird innerhalb der Stücke verwiesen.

Fundorte für Weihnachtslieder:
- Das evangelische Gesangbuch
- Das Kindergesangbuch, Claudius Verlag 1998
- Das Buch der Weihnachtslieder, von I. Weber-Kellermann, Schott Verlag 1982 (Chorhefte und Melodiebegleitsätze erhältlich)
- Weihnachtsliederbücher aus dem Menschenkinder Verlag, vor allem D. Jöcker, z. B. „Hört ihr alle Glocken läuten", „Sei gegrüßt, lieber Nikolaus" oder „Die gute Nachricht weitersingen" (CD zu den Büchern bzw. Heften erhältlich)

Musik für Einzug, Tänze, nachdenkliche Momente
Die im Folgenden genannten Musiktitel sind nur eine kleine Anregung. Die angegebenen CDs enthalten in der Regel Musik verschiedenen Charakters.

- *Festliche Musik* zum Einzug oder Abschluss
  - M. A. Charpentier: „Te deum" (Eurovisionshymne)
  - W. Roch: „Unesco-Hymne"
  - J. S. Bach: „Ehre sei dir Gott gesungen" (aus dem Weihnachtsoratorium, BWV 248)
  - W. A. Mozart: Rondo aus „Eine kleine Nachtmusik" (KV 525)
  - H. J. Hufeisen: „Erwartung" aus der CD „Gold, Weihrauch und Flöte" (nach Aria 3 aus dem „Messias" von G. F. Händel)
  - A. Menken/H. Ashmann: „Das Fest" aus der CD „Arielle, die Meerjungfrau"
  - R. Zuckowski: „Du und ich" aus der CD „Rolfs Vogelhochzeit"
  - D. Plüss: „Kleine Ballerina" aus der CD „tasten – berühren"

Weitere festliche Musik findet sich in den Konzerten der Barock- und Klassikzeit, auch in modernen Einspielungen. Gute Fundorte sind auch Einspielungen zu Kinderfilmen oder Instrumentalfassungen von Musicals.

- *Fröhlich-bewegte Musik* für Tänze oder Aktionen
  – H. J. Hufeisen: „Die drei Kostbarkeiten" aus der CD „Gold, Weihrauch und Flöte"
  – A. Menken / H. Ashmann: „Die Fahrt durch das Königreich" aus der CD „Arielle, die Meerjungfrau"
  – A. Rieu: „Ich möchte träumen" aus der CD „La vie est belle"
  – A. Rieu: „Snowwhite" aus der CD „La vie est belle"
  – Musik zum Weltgebetstag 1999: „La luz de Venezuela"
  – R. Zuckowski: „Hoch in der Luft" (Playbackfassung) aus der CD „Rolfs Vogelhochzeit"
  – R. Zuckowski: „Hallo Mama, hallo Papa" (Playbackfassung) aus der CD „Rolfs Vogelhochzeit"

Hilfreich sind auch die CDs der Weltgebetstage. Kinderlieder-CDs gibt es inzwischen oft in sehr gut brauchbaren Karaokefassungen.

- *Nachdenklich-meditative Musik* zum Innehalten, Nachdenken, Untermalen
  – J. S. Bach: „Brandenburgisches Konzert Nr. 2" (BWV 1047), 2. Satz
  – J. S. Bach: „Brandenburgisches Konzert Nr. 5" (BWV 1050), 2. Satz
  – J. S. Bach: „Air" aus der D-dur-Suite (BWV 1068)
  – G. F. Händel: „Largo" aus der Oper „Xerxes"
  – W. A. Mozart: „Romanze" aus „Eine kleine Nachtmusik" (KV 525)
  – H. J. Hufeisen: „Das Herzenslied der Maria" aus der CD „Gold, Weihrauch und Flöte"
  – R. Zuckowski: „Sieh nur die Sterne" (Playbackfassung) aus der CD „Rolfs Vogelhochzeit"
  – A. Menken / H. Ashmann: „Schlafenszeit" aus der CD „Arielle, die Meerjungfrau"

Meditative Musik findet sich in allen Musikrichtungen, sei es in den langsamen Sätzen der klassischen Musik oder auch in Instrumental- oder Vokaleinspielungen der Unterhaltungsmusik (z. B. Filmmusik „Jenseits der Stille") oder Volksmusik aus allen Zeiten (El Condor Pasa). Auch in der Sakralmusik gibt es ein weites Spektrum, etwa im Gospel- oder Spiritualbereich.

Choreographie

Ist das nicht vielleicht doch etwas übertrieben?

(entweder eine Gruppe von Engeln oder eine Tanzgruppe von etwa 6–12 Personen, Szene 8)

Musik: W. A. Mozart, „Romanze (Andante)" aus der „Kleinen Nachtmusik" (KV 525), ca. 2 Minuten

1. In der ersten Minute wiederholt sich viermal das erste Thema. Dabei jeweils Folgendes:

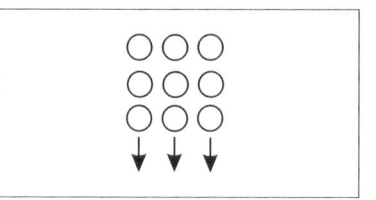

    - Drei Schritte nach vorne. Füße schließen.
    - Tiefer Knicks/Kniebeuge, dabei Arme öffnen und beim Hochgehen schließen.
    - Arme über den Kopf, um sich selbst drehen.
    - Stopp bei Themenwiederholung mit Blickrichtung um 1/4 Drehung versetzt, sodass in jede Richtung einmal getanzt wird. Geht das vom Platz her nicht, kann man Mitte – rechts – Mitte – links tanzen.

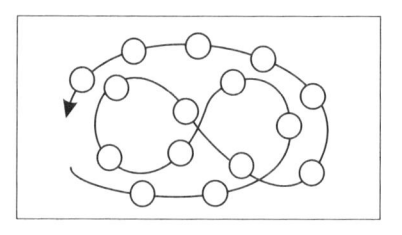

2. Ca. 23 Sekunden lang (je nach Einspielung) als Schlange mit Handfassung im Kreis oder als Spirale laufen, dann Kreis schließen.

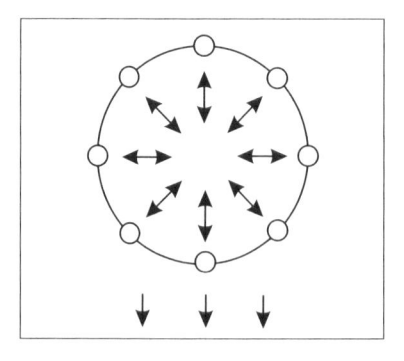

3. Ca. 20 Sekunden (je nach Einspielung): Kreis geht nach innen, Hände dabei anheben, nach außen, wieder an den Händen fassen, Fassung lösen und als Schlussfigur noch einmal den Anfangsschritt machen, dabei haben alle die gleiche Blickrichtung, mit der sie auch enden.

Anmerkung: Hat man verschiedene Tanzkinder, kann man die Reihen auch so bestücken:

```
H H H
K K K
E E E
```

„... und die Klarheit des Herrn umstrahlte sie."

(Tanz der Königinnen und Hirten, Szene 8)

Musik: „Du und ich" von der CD „Rolfs Vogelhochzeit" (Playbackfassung)

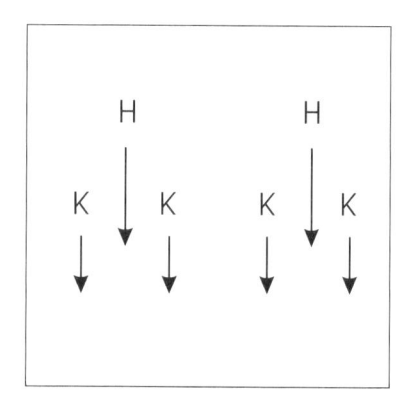

1. Die Könige treten nacheinander einen Schritt nach vorne und nehmen dabei die Arme hoch. Dann treten die Hirten zwischen den Königen nach vorne.

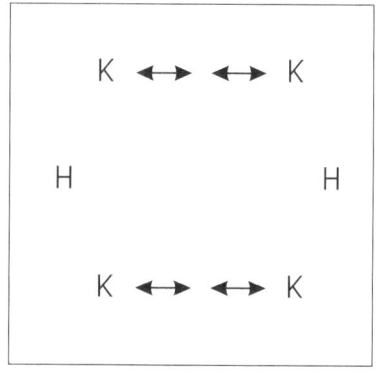

2. Kreisfassung – im Kreis laufen – öffnen – umdrehen – in die andere Richtung mit Handfassung laufen (je ein Kreis) – öffnen.

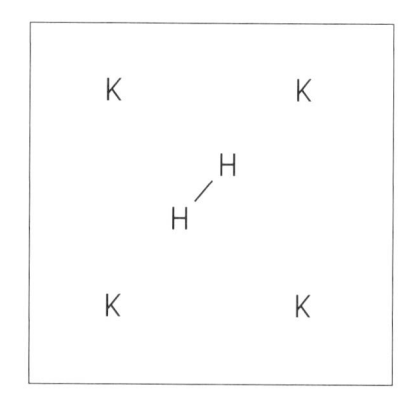

3. Könige Seithüpfer zur Mitte, Arme zueinander bewegen. Könige Seithüpfer nach außen, Arme nach außen bewegen. Seithüpfer zur Mitte, in die Hocke gehen, Arme verschränkt. Seithüpfer nach außen, Hocke, Arme verschränkt.
Dann Hirten: in die Mitte gehen, rechte Hände fassen, Kreis laufen, Stopp, linke Hände fassen, Kreis laufen, an der Seite stehen bleiben.

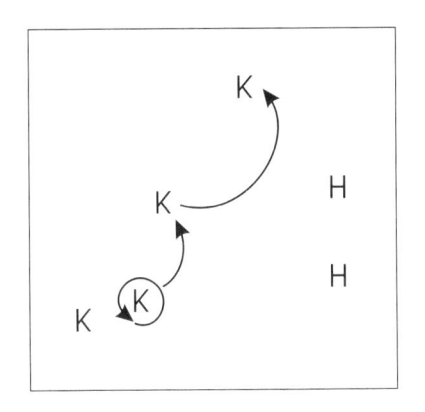

4. Könige bilden eine Reihe. Dann läuft K1 mit ausgebreiteten Armen mit Drehungen an der Reihe entlang und fasst jeweils die Hände. Ist er hinten angekommen, folgt K2 usw.

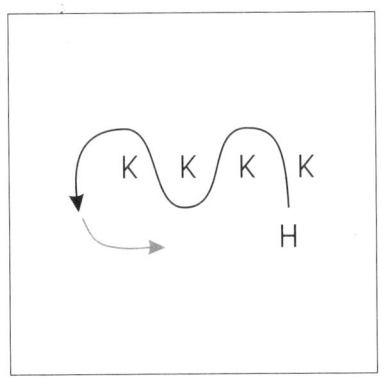

5. Die Könige bilden Tore, die Hirten laufen in Schlangenlinien hindurch.

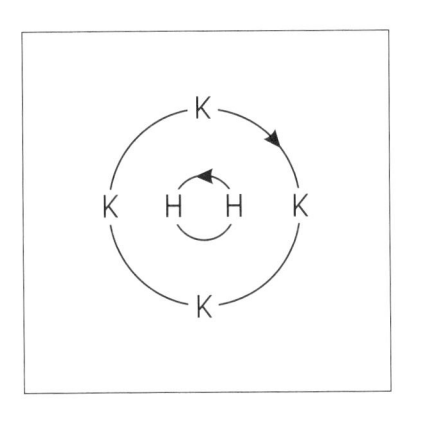

6. Zwei Kreise laufen entgegengesetzt, eventuell mit Richtungswechsel. Dann: Könige in die Hocke, Hirten Arme hoch, um sich selbst drehen. Dann Hirten in die Hocke, Könige Hüpfer nach außen, Hocke, Arme verschränkt, Hüpfer zur Mitte, Hocke, Arme verschränkt.

7. Kreise öffnen, Könige breiten Arme aus (Mäntel), alle machen einen Schritt nach vorne.

**Oh Freude über Freude?! und
Der Stern hat seinen Glanz verloren**

(Tanz der Engel in Szene 8 / Tanz der Engel in Szene 9)

Musik: „Kleine Ballerina" aus D. Plüss, „tasten – berühren"

Tanz im Innengang / Mittelgang der Kirche

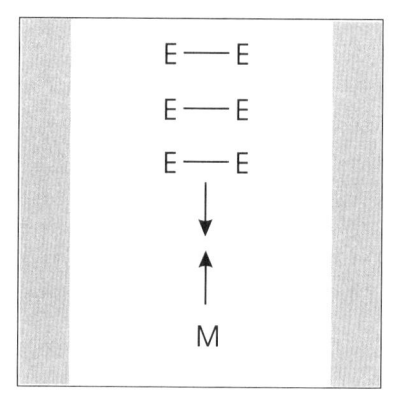

1. Engel kommen in Zweierpaaren durch den *dunklen* Mittelgang und haben jeder eine *Laterne*. Bei „Oh Freude" kommt ihnen Maria von vorne entgegen.

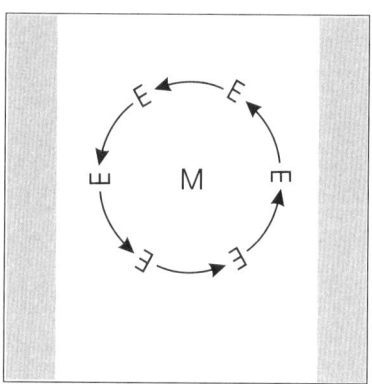

2. In der Mitte laufen die Engel einen Kreis (1–2 Runden), die Laternen sind in der Außenhand. Maria steht in der Mitte des Kreises.

3. Engel verteilen sich im Mittelgang (eventuell Klebepunkte am Boden). Drehung nach rechts, mit der Laterne einen großen Bogen/Kreis vor dem Körper ausführen. ½ Drehung, Gleiches nach links.

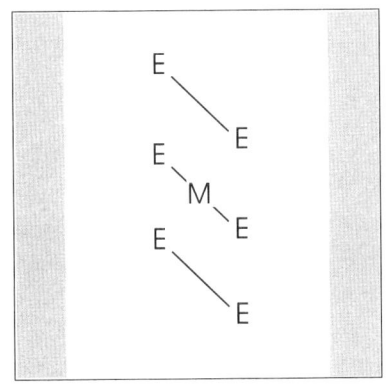

4. Jeweils zwei Kinder bilden ein „Karussell": rechte Hand fassen, Kreis laufen (Laterne links), öffnen, linke Hand fassen, Kreis laufen (Laterne rechts). Ist Maria dabei, nehmen die „Mittelengel" sie an den Händen.

5. Engel kehren auf ihren Platz zurück und drehen sich um sich selbst, Laterne über den Kopf. Maria geht währenddessen nach hinten.

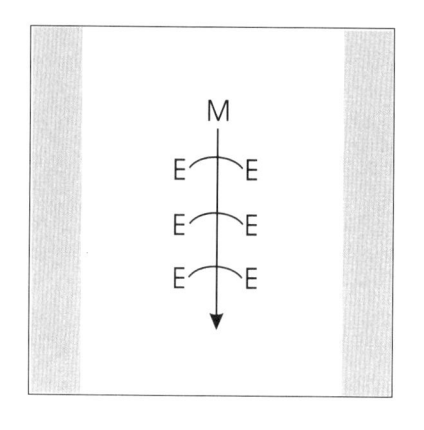

6. Von hinten nach vorne bilden die Engel versetzt Paare und ziehen (Laterne in der Außenhand) nach vorne. Bei „Der Stern hat seinen Glanz verloren" endet der Tanz, wenn sie am Altarraum sind. Bei „Oh Freude" bilden die Engel Tore, Maria geht darunter hindurch in den Stall.

Und plötzlich waren alle wieder fort

(Tanz der Krippendarsteller/Tanzkinder, eventuell mit Gemeinde, in Szene 7)

Musik: Weihnachtslied „Zu Bethlehem geboren" (als CD oder auch gesungen), es kann aber auch eine andere Musik gewählt werden.

Bei diesem Tanz geht es darum, symbolisch darzustellen, dass Weihnachten in die Welt hinausgetragen wird. Er ist sehr einfach, damit alle mittanzen können.

Zu Bethlehem geboren	Zwei Kinder stehen sich gegenüber, sie beschreiben mit einem Arm einen Kreis
ist uns ein Kindelein.	Kreis mit dem anderen Arm
Das hab ich auserkoren,	Handfassung und Kreis laufen
sein eigen will ich sein.	Arme hochnehmen, ein Schritt aufeinander zu
Eia, eia, sein eigen will ich sein.	Jedes Kind sucht sich einen neuen Partner, sodass nach 4 Strophen möglichst viele Zuschauende mittanzen Ist es nicht möglich, dass alle mitmachen, kann der Tanz so enden:
Eia, eia, sein eigen will ich sein.	Um sich selbst drehen, sich wieder dem Partner zuwenden

Möglich sind auch Kombinationen wie z.B. nur einmal neue Mittänzer auffordern oder nur untereinander Partner wechseln.

Kostüme

Maria und Josef
Für Maria bietet sich (in Anlehnung an viele Mariendarstellungen) ein blauer Umhang an. Praktisch ist ein gerade geschnittenes weites Kleid. Gut wirkt auch ein Samtstoff, der zudem noch bügelfrei ist. Nach dem gleichen Schnitt kann für Josef ein Umhang angefertigt werden. Ansonsten kann er sich auch wie ein Hirte kleiden.

Hirten
Hirten können gut mit braunen oder grauen Tüchern oder Decken eingekleidet werden. Weiter bieten sich hier Felljacken oder -westen an (Innenfutter von alten Parkas oder Anoraks). Oder man legt ihnen ein Schaffell über die Schulter und befestigt es mit einem Gürtel und großen Sicherheitsnadeln.
Filzhüte oder Ähnliches, vielleicht auch Kopftücher, ergänzen das Kostüm.
Zusätzliche Requisiten können Stöcke sein, Schafe aus Stoff oder Stalllaternen. (Sprechende Darsteller müssen jedoch ihren Text noch halten können!)

Engel
Wir haben zwei Sorten von weißen Engelkleidern, einmal mit und einmal ohne Ärmel. Die ärmellosen Kleider werden über der Schulter mit Bändern gehalten und die Kinder ziehen darunter weiße Pullis oder Blusen an. Beides ist mit Goldborte oder Bändern verziert. Dazu gibt es Haarreifen oder Kränzchen aus Sternenfolie auf Draht, die man schnell der Kopfgröße anpassen kann.

Könige
Reichtum aus verschiedenen Ländern kann gut durch farbenfrohe, gemusterte oder auch glitzernde Stoffe dargestellt werden. Alte Vorhangstoffe sind ebenso geeignet wie Faschingsstoffe. Wir haben mittlerweile einige Umhänge, die Löcher für die Arme lassen, sonst aber ganz gerade geschnitten und nur am Hals gerafft sind.
Lässt man die Stoffe in losen Bahnen, können üppige Umhänge nach persönlichen Vorlieben in jedem Jahr neu gestaltet und mit großen Sicherheitsnadeln einfach zusammengesteckt werden. Allerdings hat man hier nicht so viel Bewegungsfreiheit wie bei der ersten Variante.
Eine Schwierigkeit stellt manchmal das „Darunter" dar. Normale Straßen-

kleidung, die zwischen prunkenden Stoffen aufblitzt, stört das Gesamtbild. Besser sind gerade geschnittene einfarbige Stoffkittel.

Königskronen können Sie leichter lagern, wenn sie aus stabilerer Pappe (evtl. Wellpappe) als lange Bahnen geschnitten sind, die dann Kind mit einer großen Büroklammer der jeweiligen Kopfgröße angepasst werden können.

Weitere Krippenspiele von Monika Schunk enthält der erste Band mit dem Titel: „Einen Leitstern wünsch' ich mir". Inhaltsangabe und Leseprobe unter www.claudius.de.

Brigitte Jünger / Maria Riederer
Gott spricht alle Sprachen
Kindergebete aus aller Welt

144 S., geb., durchgehend vierfarbig, ISBN 3-532-62330-7

Von Kindern für Kinder ausgewählt: Für dieses Buch haben die Autorinnen viele Kinder nach ihren Lieblingsgebeten gefragt. Kurze Einführungen zeigen, wie Kinder in aller Welt beten. Ein Buch, das Basisinformationen über die verschiedenen Religionen vermittelt und gegenseitiges Verstehen und Toleranz fördert. Geeignet für den Einsatz im Schulgottesdienst und im Religionsunterricht.

claudius